폐업도 전략이다

리스크를 최소화하는 사업정리법

폐업도 전략이다

강종헌 지음

북네스트

사업정리 또는 폐업을 위한 국내 최초의 가이드북이다.

필자부터가 다양한 사업을 경험했다. 음식점, 제조업, 편의점, 유통업 등 여러 분야에서 창업을 통해 성공과 실패를 맛봤다. 그러다 창업 컨설턴트로 나서 활동해 오고 있으니 참 많은 사업 현장에 있어 봤고 많은 사업자들을 만났다.

그런 면에 이 책은 사업 현장에서 들은 요청을 반영해 쓰게 되었다 하겠다. 사업에 어찌 성공만 있겠는가. 실패도 있고, 또한 재기하려면 마무리를 잘해야 기회가 오는 법이니 사업정리에 꼭 필요한 지식을 전하려 한다. 무엇보다 재기의 바탕이 될 리스크의 최소화, 제도 활용 등과 관련해 중요한 내용을 담았다.

통계청에 따르면 우리나라 자영업자는 2020년 현재 570만여 명이다. OECD 회원국을 비롯한 주요 38개국 가운데 미국, 멕시코에 이어 세 번째로 많다.

전체 취업자 중 비율로도 26.8%를 차지해 OECD 평균인 15.4%보다

월등히 높다. 범위를 넓혀 소상공인까지 포함하면 우리나라의 전체 사업체 중 89%를 넘으며 총 고용 인력의 42%가 몸담고 있다. 한마디로 소상공인 및 자영업자가 넘치고 넘친다. 이 중 대부분은 음식점 등의 1인 영세자영업자다.

취업난으로 청년들이나 실직자, 조기퇴직자들도 창업시장에 뛰어들고 있다. 재취업도 연금 생활도 대안이 될 수 없는 상황에 결국 막연한 꿈을 안고 자영업시장으로 내몰릴 수밖에 없는 게 현실이다.

통계청 전국소상공인실태조사에 따르면 소상공인의 82.6%가 '다른 대안 없이 생계유지를 위해' 창업했다고 답했다. 그러다보니 실패도 잦다.

국세청의 국세통계에 따르면 한 해 자영업에 들어오는 신규 사업자 수는 약 120만 명이고, 폐업자 수는 약 85만 명이다. 개업보다는 폐업이 적지만 그 이면의 계수는 그런 게 아니다. 인구 대비 자영업 포화 상태에서 개업이 계속 늘고 있다는 것이고, 10명이 창업하면 7명 가까이 폐업하고 있다는 얘기다.

창업 경험이 없는 청년들과 퇴직자들이 관심을 보이는 분야는 음식점으로 프랜차이즈를 통한 창업에 대한 선호도가 높다. 하지만 통계청 분석에 따르면 음식점의 경우 5년 생존율이 18%에도 못 미친다고 한다. 실패율이 그만큼 높다.

자영업을 은퇴 없는 직장으로 여긴다면 이제 꿈을 깨라고 해야 할 것 같다. 생계 때문에 창업했다가 폐업 후 빚을 얻어 재창업으로 이어지는 악순환이 반복되고 있다. 여기에 더해진 코로나19와 같은 변수는 자영업을 더 궁지로 모는 악재가 되었다.

정부에서는 신용카드 수수료 인하, 상가 임대료 상승 억제, 정책자금 공급 등 지원책을 내놓고 있지만 자영업을 살릴 수단으로 부족하기만 한 것이 현실이다. 이런 때일수록 자영업자 스스로 강한 의지와 함께 영리해지는 수밖에 없다.

그중 하나는 창업 못지않게 중요한 사업정리(폐업)와 관련한 이야기다. 무슨 초 치는 소리냐고 할지 모르나 사업은 현실이다. 매출이 부진해서든 다른 사업을 위한 일보후퇴든 폐업도 창업할 때처럼 꼼꼼히 해야 한다는 사실이다.

'접는 마당에 무슨' 하거나 자포자기하는 심정에 대충했다가는 손실이 더 커질 수 있다. 직원 정리, 세금과 재고 처리, 기물 처분 등 할 일이 많다. 한마디로 망하더라도 예쁘게 망해야 손실을 최소화하고 또 그래야 재기에 유리할 수 있는 것이다.

그런데 창업에 대한 정보는 차고 넘치는데 사업정리에 대한 정보는 찾기가 어렵다. 창업 컨설팅 강의를 하다 보면 폐업과 관련한 다양한 질문이 나오는 게 현실임에도 관련 도서는 없다.

그런 면에 이 책은 폐업 시 발생될 수 있는 여러 문제들의 해결 방법 및 정부의 구제 정책 등에 대해 구체적으로 다루고 있다. 필자가 소상공인방송을 통해서도 폐업과 관련한 정보를 전하지만 방송에서 못 다한 얘기들을 책에 담았다.

Part 1에서는 폐업을 하게 되는 원인 분석과 사업체에 대한 상태 진단을, Part 2에서는 리스크를 최소화하는 폐업 절차를 전하고 있다. Part 3에서는 폐업 및 재창업과 관련한 정부기관의 지원제도를, Part 4에서는 사업자가 알고 있어야 할 유용한 정보에 대해 다루고 있다.

이 책은 폐업 시에만 필요한 것이 아니다. 책 속의 사업체 진단법 경우 창업자는 물론 현업자가 자신의 사업을 객관적으로 판단해 보는데 매우 유용할 것이다.

어떤 성격의 사업도 주먹구구식으로 하던 시대는 지났다. 피치 못할 사정으로 폐업하는 사업자, 전업 및 재기 준비자, 현업자 모두에게 도움이 되었으면 하는 바람이다.

저자 강종헌

차 례

Part
2 사업정리에도 절차가 있다

1장 – 양도 · 양수

2장 – 종업원

3장 – 재고 및 집기 · 기기 처리

7장 – 기타

Part

3 재기를 위한
정부지원제도 활용

Part

4 알아두면 좋을
그 외 정보

사업 현장에서 부딪치다 보면 한 가지 원인
보다는 다양한 원인이 중복되어 사업 실패
를 겪는다. 사업을 운영하는 과정에서 발
생할 수 있는 위기를 사전에 예방하고 원인
을 정확히 파악해 재기 또는 재창업을 위한
자가점검에 도움이 되었으면 한다.

첫 장에서 말하고자 하는 바는 '창업하려
는 분야의 전문가가 되라'는 것이다. 전문
성이 없으면 실패는 당연한 일이다. 포화
상태의 시장에서 전문가만이 살아남을 수
있다.

원인 없는
사업 실패는 없다

1장 _ 내 사업 돌아보기와
재기를 위한 자가 점검

실패한 사업자에겐 이유가 있다.
여러 원인이 있겠지만 사실은 공통된 문제인 경우가 많다.
현장에서 살펴 본 아래 12가지가 그것이다.
당신이 사업에 실패했거나 그 길로 가고 있다면
읽으며 비교해 보기 바란다.
설령 지금은 사업을 정리하게 되더라도 재창업을 하고자
한다면 매우 중요한 요소들이기 때문이다.
여기 제시한 원인 이외에 업종별 특성에 따른
또 다른 원인들도 있을 것이다.
사업자 스스로 자신을 되돌아보는 장이 되었으면 한다.

01. 주먹구구식 창업은 위험한 도전이다

중소기업중앙회가 소상공인 전문 컨설턴트 197명을 대상으로 소상공인들의 사업 실패 요인에 대해 조사한 일이 있다.

그중 창업 성공률을 떨어뜨리는 사업자의 자질 부문에서 '주먹구구식 비합리성(40.3%)'이 첫째로 꼽혔다. 주먹구구식은 대충 어림짐작으로 하는 계산을 이르는 말이다.

서울시 송파구에 사는 신○○ 대표는 스테이크 전문점을 창업했다.

음식업에 대해 무지한 신씨는 △△기관의 외식업 컨설턴트에게 자문을 구했고 "성공할 수 있다."는 말에 사업을 시작했다.

하지만 첫 달 매출부터 기대 이하였다. 개점 초기부터 하루 매출액은 10만 원 내외였고 몇 달간 지속됐다. 임대료를 내기에도 급급한 수준이었다.

컨설턴트가 창업 초기부터 메뉴 개발과 운영, 주방 운영 방식 등을 도와주었으나 매출이 안 나오자 슬며시 빠지고 말았다. 신 대표는 스스로 사업에 대한 구체적인 계획 없이 성공할 수 있다는 컨설턴트의 말에 성급하게 창업한 것을 후회했지만 이미 발을 담근 뒤였다.

당시 프랜차이즈 형태의 스테이크 전문점이 유행처럼 번졌고, 그러면서 한쪽에서는 폐업이 이어지던 시기였다. 유행이 하락하고 있어 모방 창업하기에는 너무 늦은 때였다. 몇 개월이 지난 뒤 신 대표는 업종 전환을 했지만 결국 그때까지 입은 손실은 비싼 수업료가 되고 말았다.

대개의 사람들은 가족들과 나들이를 가도 계획을 하고 떠난다. 준비하지 않고 무작정 떠나는 여행은 혼란이 생기기 때문이다.

계획과 준비를 철저히 하고 떠나는 여행은 목적지에 가서도 만족도가 클 수 있지만, 준비되지 않은 여행은 예상치 못한 일로 고생만 안고 돌아오게 될 수 있다.

아무리 규모가 작아도 사업을 하자면 철저한 준비를 위해 사업계획서를 작성해야 한다.

보편적으로 사업계획서는 중소기업, 벤처기업을 운영하는 사업자들이 자금 조달을 목적으로 대출을 받기 위해 작성하는 것으로 인식되어 왔다. 하지만 자영업자들에게도 사업계획서 작성은 사업의 성공 여부를 가늠할 수 있는 중요한 척도 중 하나다.

소규모, 소자본 창업이라 해도 철저한 근거자료를 토대로 준비하고 안전하게 운영해야 살아남을 수 있기 때문이다.

사업계획서를 작성할 때는 꼭 고려할 사항이 있다. '누구를 위해, 어떤 목적으로 작성하는가'다. 크게 두 가지 목적이 있다.

첫째는 대외적 용도로 사업체의 성장에 필요한 자금을 외부에서 조달하기 위해 많이 활용한다. 외부 조달은 중앙정부, 지방자치단체, 벤처캐피탈, 개인투자자, 금융기관 등의 자금 조달을 들 수 있다. 수요자나 공급자의 신용 확보를 위한 계획서로 자금 조달 범위 내에서 정확한 소요자금 사정이 명시되어야 한다.

또한 제3자의 입장에서 쉽게 이해되도록 작성해야 한다. 이때는 각 기관 및 단체에서 별도로 정한 양식을 활용하는 게 좋다.

둘째는 자체 검토 용도로 사업주가 활용하기 위함이다. 사업 초기 단계의 사업 방향 설정과 이후의 의사 결정, 사업 목표 달성을 위한 지침서가 되기 때문이다. 그런 만큼 머릿속에 그려진 사업 구상을 좀 더 구체화시키는 계획서가 되어야 한다. 현장 중심의 조사도 들어가야 할 것임은 말할 것도 없다.

사업계획서는 사업 내용, 아이템, 목표, 제품 특성, 생산시설, 입지 조건, 시장성 분석, 매출 전망, 수익성 분석, 성장성, 소요자금 조달 계획, 인력 계획, 개발 계획, 생산 계획, 물류 계획, 재무 계획, 마케팅 전략 등을 객관적인 자료에 의거해 작성해 각 분야의 사업 계획을 정리한 보

폐업도 전략이다

고서를 말한다.

　사업계획서는 철저한 준비를 위한 전략으로서 사업자가 얼마나 이 사업을 확신하고 있는지 계획서 하나로 파악할 수 있다. 하지만 자영업자의 경우 사업계획서 작성의 필요성을 간과하는 경우가 많다.

　사업계획서 작성을 위한 조사 방법으로는 표준적 자료조사, 역동적 자료조사, 소비자 및 현장조사를 들 수 있다.

　표준적 자료조사는 통계청 등 정부기관의 자료를, 역동적 자료조사는 인터넷 검색, 신문, 잡지, 박람회, 전시회 등을 통한 자료를, 소비자 및 현장조사는 입지 조건 등으로 구성된다.

　이를 통해 어떤 상품을 어떤 고객에게 판매하며, 얼마나 많은 사람이 구매하여 어느 정도의 매출이 발생하며, 언제 손익분기점에 도달하는가 하는 것들이 미리 도출될 수 있어야 한다.

　사업계획서 작성 원칙은 다음과 같다.

1. 용도에 따라 구분해 작성한다.

　　외부기관 제출용, 자체 검토용 등.

2. 신뢰성 있는 자료, 데이터, 객관적인 사실을 바탕으로 작성한다.

　　근거가 주관적이면 안 되며, 자료는 출처를 표기한다.

3. 내용은 정확하고 구체적으로 표현한다.

　　특히 외부기관 제출용인 경우 신뢰감을 줄 수 있어야 한다.

4. 전문가가 아닌 일반인도 알아볼 수 있도록 작성한다.

　　가급적 전문용어는 자제한다.

5. 시작부터 마지막까지 일관성을 가지고 작성한다.

6. 자금 조달 및 운용 계획은 정확하고 실현 가능성이 있어야 한다.

    무리한 부풀리기는 투자 유치에 역효과를 낼 수 있다.

7. 기존 사업과의 차별화 부분이 있으면 넣자.

8. 기술 부문은 영역과 기술 내용을 구체적으로 작성한다.

음식점 경우라면 다음과 같은 항목들을 미리 작성해 보아야 한다.

음식점 사업 개요

구분	내용
상호	대표 메뉴를 연상할 수 있는 상호를 정한다. 예) △△옛날통닭
대표 메뉴	주력 핵심 메뉴를 기재한다. 예) 옛날통닭, 양념통닭
메뉴 구성 및 가격	경쟁업체의 가격을 참고해 판매가를 책정한다. 옛날통닭 1마리 6,000원 옛날통닭 2마리 1만 1,000원 양념통닭 8,000원 양념류 각 500원(머스터드 소스, 칠리 소스 등)
1차 고객	목표 고객을 명시한다. 예) 20, 30대 직장인
2차 고객	매출에 기여하는 고객을 명시한다. 예) 10대 청소년, 1인 가정
상권	목표 고객 공략이 가능한 상권을 정한다. 예) 복합상권(오피스, 배후 주거지역 혼재)
점포 규모	운영 가능한 규모 및 층수를 정한다. 예) 15평 이내, 1층 점포
임대료	월 매출액의 10% 미만 범위 내에서 결정한다. 예) 보증금 5,000만 원, 임대료 150만 원

구분	내용
디자인	메뉴와 어울리는 인테리어를 연출한다. 예) 매장 전면에 조리기 설치, 목재로 분위기 연출
간판	인테리어 조화 및 외부 시각화에 신경쓰자. 예) 잔넬간판, 돌출간판, 외부 네온, 스카시 등 설치
영업시간	상권에 맞는 영업시간, 휴무일을 설정한다. 예) 15:00~24:00, 매주 월요일 휴무
인력 구성	최소한의 정규직, 일용직 인력 운영을 구성한다. 예) 정규직- 주방 1명, 일용직- 서비스 1명
문제점 및 대응 방안	아이템에 대한 문제점 및 대응 방안을 정한다. 예) 조류독감으로 인한 물가 상승, 거래처 확보
향후 계획	발전을 위한 계획을 계획한다. 예) 매장 안정화 이후 배달 도입, 쿠폰 이벤트 진행

가지고 있는 계획을 최대한 기입하도록 한다. 표에는 담지 않았지만 창업자라면 더 구체적인 내용도 계획에 넣어야 한다. 가령 시장성 분석과 기술성 분석이라면 다음과 같은 것들이다.

■ 시장성 분석

제품에 대한 판매를 예측한다. 앞으로 판매할 제품이 시장에서 얼마나 팔릴 것인지, 향후 수요 증가 추세는 어떠할 것인지를 분석한다.

예컨대 치킨점이라면 입지에 더해 반경 500m 내의 인구 수와 치킨점 수, 1만 명당 월평균 치킨 소비, 그에 따른 치킨점당 가능한 평균 매출액 등의 시장조사는 당연히 필요하다.

사업주의 의욕 이전에 객관적 조사는 내가 그 안에서 살아남을 수 있을지 아니면 레드오션에 빠지는 무모한 도전이 될지 먼저 판단해 보는 기초가 될 것이다.

■ 기술성 분석

창업 아이템의 핵심기술에 대한 내용을 정확히 파악한다. 기술의 유용성, 위험 요소 및 성공 가능성을 평가한다.

요식업이라면 남들과 차별화되는 메뉴와 맛, 재료, 모양 등이 기술적 분석 대상이 될 것이다. 위의 치킨점 사례라면 기술적 요소(새로운 맛)의 우위는 설령 레드오션 속의 도전일지라도 기존 시장을 잠식해 성공하는 결과를 낼 수도 있을 것이다. 그만큼 기술적 분석은 중요하다.

초기 투자 항목

구분		금액	산출 내역
점포 임대	보증금		임대보증금
	권리금		
	임대료		월임대료
시설 투자	인테리어		목재공사, 전기공사, 조명공사 등
	간판		전면간판, 돌출간판, POP 등
	집기·기물		냉장고, 튀김기, 그릇류 등
	기타		냉난방기, POS, 전화 등
준비비	초도 물품		초도 식자재, 소모품, 비품 등
	개업 홍보		전단지, 명함, 지역 홍보지 등
	기술료		기술전수 창업 시 기술료
	가맹비		프랜차이즈 가맹점 시
	기타		인허가, 잡비 등
예비비	예비자금		월 운용자금 × 3~6개월치 확보
합계			

업종별 투자 금액 및 임차 조건, 규모 등에 따라 산출 방법은 다르지만 기본적인 초기 투자 항목을 작성함으로써 더 구체적인 자금 계획을 세울 수 있다.

사업계획서 작성 시 손익분기점 파악은 필수다. 손익분기점은 수익과 비용이 동일해 이익도 손실도 발생하지 않는 지점의 매출액을 말한다. 순이익이 0원이 되는 시점으로 총 매출, 변동비용, 고정비용과의 상관관계를 통해 산출된다.

먼저 매출액(추정)은 간단한 계산을 통해 예측해 볼 수 있다. 음식점은 '평균 객단가 × 테이블 수 × 회전 수'로, 도소매 업종은 '1m^2당 매출액(품목별) × 매장 면적', 미용실 등 서비스 업종은 '객단가 × 의자 개수 × 회전 수', 전자상거래 업종은 '품목별 × 예상 주문 수량 × 판매 단가'로 매출을 예측할 수 있다.

고정비는 매출에 따른 변동 없이 일정하게 소요되는 비용이다. 매출 발생과 관계없이 일정액으로 발생하는 비용인 만큼 매출이 증가할수록 고정비의 비율은 감소하게 된다. 임대료, 인건비, 관리비, 복리후생비, 투자에 따른 유형 및 무형의 감가상각비를 들 수 있다.

변동비는 매출의 증감에 따라서 변동하는 비용을 말한다. 직접적으로 소요되는 원·부재료비, 수도광열비, 홍보비, 소모품비, 포장비, 운반비 등이 있다.

손익분기점 계산 예

손익분기점	고정비 ÷ 공헌이익률
공헌이익률	공헌이익 ÷ 매출액
공헌이익	매출액 − 변동비
영업이익	공헌이익 − 고정비

위의 표에서 '공헌이익'이라는 말이 나오는데, 이는 판매하는 제품의 가격에서 변동비를 제외하고 발생하는 이익이다. 변동비는 재료비를 포함한 모든 비용이다. 공헌이익을 구하는 목적은 판매 가격을 결정하고 손익분기점 및 목표 판매량을 계산하기 위함이다.

예를 들어보자. 커피 전문점에서 아메리카노 커피를 3,000원에 판매하고 있다. 고정비(임대료, 인건비 등)는 매월 900만 원이 나가고 있다. 변동비(원두, 얼음, 물, 컵, 기기 감가상각비 등)는 한 잔당 1,000원이 소요된다.

커피 전문점의 공헌이익은 판매가격 3,000원에서 변동비 1,000원을 뺀 2,000원이 된다. 손익분기점에 도달하려면 고정비용이 0이 되어야 한다.

고정비 900만 원을 커피 한 잔당 공헌이익 2,000원으로 나누면 4,500잔이 된다. 즉 1개월 동안 4,500잔, 1일 평균 150잔을 판매해야 손익분기점에 도달할 수 있다.

월 목표이익이 300만 원이라고 가정해 보자. 월 4,500잔을 판매한 시점부터 수익이 발생된다. 목표이익에 도달하려면 4,500잔에 더해서 추가로 1,500잔을 판매해야 한다. 이 커피 전문점에서 매월 6,000잔을 판매해야 목표이익 300만 원을 벌 수 있게 되는 것이다.

사업 계획을 세우는 단계에서 손익분기점을 알고 진행한다면 효율적인 사업 진행이 가능하다.

사업계획서 작성은 모범답안이 없다. 현장 상황, 조건, 방식, 접근 방법에 따라서 다양한 형태로 나올 수 있기 때문이다. 그렇다 해도 창업에 필요한 준비 과정, 운영 방식, 홍보 전략, 자금 계획은 반드시 포함되어야 한다.

또한 사업계획서는 한 번 만들면 끝이 아니다. 상황에 따라서 새로운 요소가 발견되면 변경해야 한다.

02. 경험은 중요한 자산이다

신용보증기금에서 발표한 '창업 성공 요인과 실패 원인'에 따르면, 성공 요인은 관련 업종에서의 풍부한 경험(52.9%), 실패 원인은 반대로 경험 부족(46.7%)이 각각 첫 번째로 꼽혔다. 한마디로 경험은 창업의 승패를 좌우한다고 볼 수 있다.

김○○ 대표는 전라북도 정읍시에 건강식품 전문점을 창업했다. 주변 농장에서 가공 생산하는 제품을 판매했다. 초기부터 큰 매출을 기대한 것은 아니었지만 판매가 거의 이루어지지 않았다. 건강식품이나 도소매 상품 판매에 대한 경험이 전혀 없는 상황으로 사업장에 앉아서 고객의 구매만을 기다렸기 때문이다.

도소매점의 경우 잠재고객을 찾아다니거나 찾아오게 만들지 않으면 안된다. 타 업종과 달리 영업과 마케팅적인 부분을 동시에 진행해야 한다. 김 대표는 직장에서 사무직으로 근무해 영업, 판매에 대한 경험이 없었던 것이 문제였다. 임대료, 제품비, 인건비 등이 연체되었고 경험 부족은 실패의 원인이 되었다.

직장인 출신들은 자신이 하던 일을 창업과 연결시키기가 쉽지 않다. 그런 때문인지 경험과 무관한 음식점, 커피숍, 편의점 같은 분야에 뛰어드는 경우가 많다. 생소한 분야에서 창업을 하다 보니 남이 만든 시스템에 의존하는 프랜차이즈를 선택하는 것도 같은 맥락이다.

경험이 부족한 사업자는 어떤 일에 대해 의사결정을 내리기가 쉽지 않다. 프랜차이즈 가맹점은 애초부터 자기주도적일 수 없고, 독립 사업장 운영은 경험 부족이 드러날 수밖에 없다.

소방관이 지속적인 훈련을 통해 위기 상황에서 불을 끄듯이 사업도 훈련된 사람이어야 다양한 상황에 대처할 수 있다. 사업을 하다 보면 항상 좋은 상황, 내가 원하는 상황만 발생하는 것이 아니다. 따라서 사업자도 사전 훈련을 통해 소방관처럼 위기 대응력을 키워야 한다.

여기서 훈련이라 하면 창업하고자 하는 분야에 일시적으로 취업을 해서 경험을 쌓거나 관련 학원에서 배우는 것 등을 말한다. 그런데 최소한의 훈련조차 없이 바로 창업하는 사람이 너무 많다.

창업할 때 현장이든 책이든 경험에 대한 공부는 훈련의 기본이다. 꾸준히 관련 도서들을 읽고 세미나 또는 박람회에 참석하는 것이 좋다.

현장 경험이 풍부한 전문 멘토나 동종업계 전문가와의 상시적인 소통이 가능한 시스템을 구축하는 것도 중요하다. 교류를 통해 유용한 정보를 얻을 필요가 있기 때문이다.

기관에서는 무료로 음식점 창업 체험 공간을 지원하고 있다. 농림축산식품부의 '청년키움식당'과 서울시의 '키친인큐베이터,' 소상공인시장진흥공단의 '꿈이룸 점포체험' 등이 그런 곳이다.

'청년키움식당'은 외식 분야 창업을 희망하는 39세 이하 청년들을 위한 인큐베이팅 지원 사업으로 서울 녹번동과 경기 성남, 전북 완주, 전남 목포 등에 시설을 두고 있다. 인테리어 비용과 함께 연 6,000만 원 한도로 임대료를 지원한다.

창업하기 전에 실제 식당을 차려 운영해 볼 수 있는 기회를 제공한다. 주방 등 외식업 설비가 갖춰진 사업장에서 임대료 부담 없이 창업 기획, 매장 운영 등의 경험을 쌓을 수 있다. 초기 투자금 부담 없이 식당 운영을 미리 해보는 기회를 갖는 셈이다.

운영기관에 따라 2주의 이론 교육 후 4주에서 3개월 동안 매장에서 직접 메뉴를 개발해 음식점 운영을 해보게 한다. 매장에서 얻은 수익은 참가자의 몫이다. 월말에 가스, 전기료, 청소비 등 공과금과 공동경비만 부담하면 된다.

모든 과정을 외식업 전문가 팀원과의 상담, 현장 파악을 통한 1:1 맞춤형 교육으로 진행해 짧은 기간에도 깊이 있는 교육이 이루어지는 것이 이 프로젝트의 장점이다. 자세한 내용은 청년키움식당 블로그 (https://blog.naver.com/atincubating)에서 확인할 수 있다.

'키친인큐베이터'는 서울시에서 운영하는 서울창업허브 지원 사업이다. 외식업을 준비하는 예비창업자를 대상으로 서울시민이라면 누구나 지원할 수 있다. 서울 마포구 공덕동에 위치하고 있다.

창업에 필요한 교육 및 다양한 메뉴를 실험하고 검증할 수 있는 창업환경을 제공한다. 창업 교육, 테스트 키친, 제품 판매, 유통 컨설팅까지 실전 창업을 경험할 수 있는 프로그램이다. 선발되면 3개월간 무료로 이용할 수 있다.

매주 메뉴 개발, 브랜딩, 경영 등 외식업 운영을 위한 교육도 진행한다. 개방형 교육 진행으로 누구나 참여할 수 있다. 자세한 내용은 창업허브 홈페이지(https://seoulstartuphub.com)에서 확인할 수 있다.

'꿈이룸 점포체험'은 소상공인시장진흥공단의 신사업창업사관학교에서 운영하는 지원 사업이다. 예비창업자라면 누구나 신청 가능하다. 서울에는 대학로점, 명동점, 중랑점, 충무로점 등이 있고 경기도, 대전, 대구, 부산, 광주 등에도 체험점포가 있다.

외식 창업은 물론 다른 창업 아이템으로도 신청할 수 있다. 40시간의 이론 교육 후 4개월간 체험점포를 운영할 수 있다. 식당, 카페, 베이커리를 비롯해 소품숍, 의류숍, 유아용품숍, 서점 등 선발된 예비창업자들의 다양한 점포가 함께 입점된다.

신청일 기준으로 사업자등록증이 없는 예비창업자만 신청 가능하며, 선발되면 '꿈이룸'이라는 상호의 멀티복합매장에 무료로 입점할 수 있는 기회를 준다. 식재료비와 공과금만 부담하면 실제로 몇 개월간 장사도 해볼 수 있다.

실전 경험을 제공해 창업 성공률을 높여주기 위한 지원 사업으로, 식당 운영과 관련한 컨설팅도 받을 수 있다. 입점 신청 등 자세한 내용은 신사업창업사관학교 홈페이지(https://www.sbiz.or.kr/nbs/main.do)에서 확인할 수 있다.

03. 전문성은 경쟁력을 높이는 수단이다

창업시장을 보면 전문성보다는 유행에 의한 창업이 많이 증가하고 있다. 하지만 전문성을 필요로 하지 않는 분야의 경우 진입장벽이 낮아서 경쟁이 치열하다.

창업에 대한 전문성이 부족하면 모방 창업 같은 준비되지 않은 창업으로 경쟁력을 잃고 실패하기 십상인 것이 현실이다.

창업도 전문성을 기본으로 한다. 미국의 성공한 스타트업들은 하나같이 "자기 전문 분야를 충분히 공부하라."고 강조하고 있다. 전문성을 소홀히 하지 말라는 당부다.

소상공인은 소규모 자본과 인력으로 시작하기 때문에 창업자 자신의 전문성은 성공 창업의 중요한 조건 중 하나다.

서울시 송파구 지하철역 내에서 분식점을 운영하는 정○○ 대표가 찾아왔다. 좌우에 분식점이 입점하면서 매출이 절반 이하로 감소한 것이다. 필자가 방문해 보니 보편적인 분식점으로 특별한 장점을 찾기 어려웠다. 5평 남짓한 공간에 50여 가지가 넘는 메뉴로 종업원들도 힘들어 이직이 많았다. 경쟁업체로 인한 매출 감소는 자연스러운 일이었다.

필자는 주력 메뉴를 제외한 메뉴 감축을 조언했다. 정 대표는 "간혹 고객들이 찾는데."라며 메뉴 감축을 망설였다. 메뉴에 대한 고집으로 상담은 더 진행되지 못했다. 주력 메뉴 없이 단순히 가짓수만 늘려오다 경쟁업체를 만난 것이 이 집의 문제였다. 매출은 손익분기점 이하로 하락했고 고객들도 외면하는 매장이 되었다.

창업은 단기적인 선택이 아니라 장기적인 노력으로 봐야 한다. 창업 이후에도 내 아이템에 전문성을 입혀야 한다. 부족한 부분이 있다면 연구하여 보완해야 한다는 말이다. 정체되어 있으면 경쟁업체가 등장했을 때 우위를 차지할 수 없기 때문이다.

실버창업 및 50~60대 시니어창업의 장점은 인맥과 전문성, 경험이다. 이를 최대한 활용하는 것이 중요하다. 대부분의 사업자들은 직장 시절의 경험을 통해 특정 분야에 대한 전문성을 쌓게 된다. 오랜 기간 업무를 통해 지식을 습득하고 시행착오를 겪으면서 쌓은 전문성은 결코 작은 게 아니다. 또, 직장 시절의 동료, 거래처 사람들, 동문 등은 활용하기에 따라 고객이 될 수도 있다.

직장인 출신의 시니어창업자들은 사람을 다루는 데도 익숙하다. 현역 시절 경험으로 익힌 고객 응대, 직원과 거래처를 움직이는 요령 등이 결코 작은 게 아니다.

일본에서는 50세 이상 중 · 고령자 창업을 '숙련기업(起業)'이라고 한

폐업도 전략이다

다. 말 그대로 한 분야의 노련한 창업자라는 것이다.

하지만 특정 분야에서 오래 일했다고 누구나 전문가가 되는 것은 아니다. 오랜 기간 직장생활을 한 사람들이 그 분야에 전문성이 높을 것처럼 보이지만 실상을 드러내 놓고 보면 분야에서 더 세분화된 업무에 대한 지식과 전문성일 경우가 많다.

그런가 하면 직장에서의 경험을 여건상 창업으로 연결시키지 못하는 경우도 허다하다. 흔히 선택하는 요식업 창업자들이 음식과는 무관한 다양한 전직 출신이듯이.

일본의 심리학자 구니시 요시히코(國司義彦)는 "어떤 일을 하든지 가장 중요한 것은 전문성이다. 모든 분야에서 진짜가 아니면 통할 수 없는 시대가 됐다. 무엇이든 한 가지 이상의 진정한 능력을 갖춰라."라고 말했다.

또한 미국의 다중지능이론 창시자인 하워드 가드너(Howard Gardner, 1943~)는 "어느 분야의 전문 지식에 정통하려면 최소한 10년 정도는 꾸준히 노력해야 한다. 창조적인 도약을 이루려면 자기 분야에서 통용되는 지식에 통달해야 한다. 이런 이유에 10년 정도의 꾸준한 노력이 선행되지 않으면 의미 있는 도약을 이룰 수 없다."라고 말했다.

필자는 컨설팅 상담을 할 때 단순함을 강조하는 편이다. 다양성을 가지고 전문화하기에는 비전문 사업자들에게는 어려움이 따를 수밖에 없어 단순함 속에서 전문성을 찾는 것이 가장 빠르기 때문이다. 식당을 낸다면 여러 메뉴를 욕심내기보다 소수의 메뉴를 확실하게 익혀서 그 메뉴의 전문 음식점이 되는 게 창업에 유리하다.

경험자 출신이 아닐수록 메뉴 집중화를 통해 압축적으로라도 전문성을 키워야 한다. 할 수만 있다면 자신이 목표하는 메뉴를 잘하는 식당에 얼마 동안 들어가 경험을 쌓는 게 좋다.

자수성가한 억만장자들 중에는 한 분야에서 오랫동안 일한 전문가가 많다. 수년 또는 수십 년 동안 몰입한 분야에서 대박 아이디어를 찾아내 성공한다.

현재의 수익모델에만 집중하지 말고 5년, 10년 후까지 내다볼 수 있어야 한다. 자신의 부족함을 스스로 깨닫고 하고자 하는 분야의 전문성 향상을 위해 지속적으로 노력해야 할 것이다.

04. 유행 아이템은 생존 기간이 짧을 수밖에 없다

유행 아이템과 유망 아이템의 경계를 구분하지 못하면 위험한 선택이 될 수 있다. 창업 아이템은 사업의 승패를 좌우하는 관건이라 해도 과언이 아니다.

그러나 창업자들은 아이템을 정할 때 유행을 좇게 마련이다. 온ㆍ오프라인에서 요즘 잘된다는 아이템이 눈에 띄면 당초의 계획을 벗어나 그쪽으로 눈길이 가는 경우가 많다.

창업에서 유망 아이템은 자신에게 가능성이 있는 아이템을 말한다. 하지만 사람들은 지금 유행하는 아이템을 유망 아이템으로 착각하고 있다. 유행 아이템은 일시적으로 상승하는 아이템으로 늘 위험이 도사리고 있다.

김○○ 대표는 충남 천안에서 스몰비어를 오픈했다. 스몰비어는 2013년 등장과 함께 많은 인기를 끌었던 아이템이다. 하지만 개점 6개월 만에 문제가 발생했다. 인기와 더불어 주변에 유사 스몰비어 전문점들이 개점한 것이다. 결국 매출 하락으로 이어졌고 1년 만에 폐업하고 말았다.

스몰비어의 선발주자인 봉구비어가 인기를 끌자 이를 모방한 미투 브랜드들이 난립했다. 춘자비어, 몽구비어, 달봉비어, 말자싸롱 등 20여 개의 경쟁 브랜드가 생겼다. 감자튀김 등의 간단한 안주를 내세워 운영하기에 쉽게 모방이 가능했던 것이다.

예비창업자들이 필자에게 가장 많이 하는 질문은 "요즘 유행 아이템이 뭔가요?"다. 창업 후 빨리 돈을 벌고 싶다는 욕망 때문이다. 문제는 유행을 쫓는 불나방은 실패로 이어진다는 것이다. 우리나라 창업시장의 가장 큰 폐단 중 하나는 '따라하기 창업' 또는 '모방 창업'이다.

한때 조개구이 전문점, 막걸리 전문점, 인형뽑기방, 생과일주스 전문점, 대만카스테라, 핫도그 전문점 등이 인기를 얻다가 어느 순간 고객의 발길이 끊어지며 폐업으로 이어졌다.

대만카스테라의 경우 2016년 여름 큰 인기를 끌었고 전국 각지에 매장이 들어서면서 한동안 창업시장의 화제가 되었다. 하지만 인기는 잠시였다. 이처럼 인기를 끌었던 아이템들이 어느새 잠잠해지거나 사업 정리를 하게 되는 상황은 지금도 자주 볼 수 있다.

공정거래위원회의 가맹사업 정보공개서에 따르면, 유행했던 핫도그 전문점의 경우 비슷한 콘셉트의 브랜드가 15개에 달한다고 한다. 이런 아이템일수록 진입장벽이 낮아 경쟁이 치열할 수밖에 없다.

빨리 끓고 빨리 식는 경향을 '냄비문화'라고 한다. 냄비문화는 한국 사람들이 여러 사회 이슈에 보이는 반응에 붙여진 수식어다. 호기심을 자극하는 충동 아이템은 머지않아 지루함을 동반하기 때문에 오래 갈 수 없는 경우가 많다.

메릴린치의 이익 예상 라이프 사이클

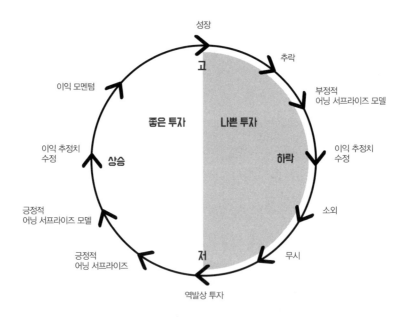

베업드 전략이다

유행 아이템은 미국의 세계적인 금융투자회사인 메릴린치(Merrill Lynch)의 '이익 예상 라이프 사이클'에도 적용해 볼 수 있다. 좋은 아이템은 6시와 12시 사이에 위치한다. 6시 역발상 투자 아이템을 통해 어닝 서프라이즈(earning surprise)가 형성된다.

어닝 서프라이즈는 시장의 예상치를 훨씬 뛰어넘는 깜짝 실적을 말한다. 히트 아이템이라고 할 수 있다. 9시에 형성되며 대중의 관심이 12시 고점까지 확장되면서 수익이 증가한다. 하지만 고점 이후 아이템은 하락기를 맞이한다.

모든 아이템에는 유행의 주기라고 할 수 있는 라이프 사이클이 있다. 시장에 처음 등장하는 도입기, 점차 수요가 늘어나는 성장기, 인기의 정점을 찍는 성숙기, 유행이 점차 쇠퇴하는 하락기를 거쳐 시장에서 사라지게 된다.

유행 아이템을 선택한 창업자들을 보면 대부분 그 아이템이 9시에서 12시 사이의 상승 시점인 경우가 많다. 고점까지의 기간이 더욱 짧아질 수밖에 없다. 유행은 비교적 생존 기간이 짧아서 길게는 2년, 짧게는 1년 정도인데, 보편적으로 1년을 넘기기 어렵다.

12시 고점 이후 6시 저점까지의 기간은 초기 성장 시점보다 더 빠르게 진행된다. 아이템 선정 시 현재 시점만을 보기보다는 미래 시점까지 함께 보아야 한다. 매출이 정체되거나 이상 징후가 보이면 사업 여부를 바로 재점검해 봐야 할 것이다.

경기 이천시의 닭강정 전문점을 방문했다. 초기 개점 1년간 손님들이 줄을 설 정도로 잘되는 매장이었다. 하지만 1년이 지나자 매출이 감소했다. 주변에 경쟁업체가 없었으나 고객들에게 식상한 아이템이 되어 매출이 감소한 것이다.

창업 초기는 상승에서 성장 단계로 12시 고점까지 1년이 소요되었다. 하지만 혹시나 하는 기대심리에 2시 추락 시점을 놓친 것이 문제였다. 사업장의 양도를 결심하고 내놓은 때는 3시 하락 시점으로 수익이 이미 적자로 넘어가고 있었다.

조금만 더 열심히 하면 다시 초기 매출로 돌아갈 수 있을 것 같은 희망때문에 매장 판매 시기까지 놓친 것이다.

유행 아이템의 경우 매체를 통해 쉽게 접할 수 있기에 많은 사업자들이 선호한다. 하지만 유행 아이템은 최대 2년을 넘기기가 어렵다. 필자가 보는 유행 기간은 최대 1년 6개월이다. 운이 좋아서 1년을 넘겼다면 소비자 관심도의 하락기에 접어든 상태다. 매출이 하락하기 전에 업종을 바꾸거나 좋은 권리금에 사업장을 양도하는 전략이 필요하다. 주변의 동종 아이템이 폐업한다면 유행 아이템의 하락으로 판단하면 될 것이다.

중국 최대의 전자상거래 업체인 알리바바의 마윈 회장은 "비즈니스 모델이 많을수록 비즈니스 모델이 없다는 것을 의미한다."고 말했다. 지금 운영하고 있는 아이템이 포화 상태인지 성장기인지, 쇠퇴기인지 분석해 봐야할 것이다.

창업자가 아이템을 선정할 때는 현재에 더해서 미래에도 통할 수 있는가를 따져봐야 한다. 이는 당장의 유행보다는 성장 가능성에 초점이 맞춰져야 한다는 것이다. 경기나 흐름에 영향을 받는 아이템이라면 가급적 선택하지 않는 게 합리적이다.

05. 직원이 사업장의 성패를 좌우한다

마음이 맞는 사람과 함께 일하는 것만큼 큰 힘이 되는 것도 없다. 직원이 오래 머물도록 하는 요소는 관리자, 즉 사업주의 역량이다.

이직률이 올라간다면 직원들은 사업장이 아니라 사업주를 떠나는 것이다. 1인 창업을 하는 경우도 많지만 사업 확장 및 수익을 극대화하자면 직원은 꼭 필요한 부분이다.

'인사(人事)가 만사(萬事)다.'라는 말이 있다. 인사는 사람을 채용하고 배치하는 것이고 만사는 만 가지의 일을 의미한다. 즉, 좋은 인재를 채용해 적재적소에 배치하면 모든 일이 잘 풀린다는 뜻이다. 어떤 업종의 창업을 하든지 직원은 중요한 부분 중 하나다.

부산시 부산진구에서 편의점을 운영하는 신○○ 대표에게 문제가 생겼다. 매장 운영 2년이 지난 상황에서 갑자기 매출이 감소한 것이다. 그 원인을 분석한 결과 편의점 관리자(직원)가 물품 발주와 진열에 소홀한 문제가 있었다. 상품이 줄어들고 진열대에 공간이 생기자 고객들이 다른 편의점으로 발길을 돌린 것이다.

편의점은 상품 구색이 중요하다. 좁은 공간에 다양한 상품을 진열해 고객에게 편리함을 제공하기 때문이다. 보통 2,000여 개의 상품을 계단식으로 진열한다. 고객들이 주로 찾는 상품은 시선 높이에 맞춰 쉽게 찾을 수 있게 하고, 특정 상품이 부족하거나 떨어지지 않도록 수시로 확인해 채워넣는 것이 중요하다.

고객들은 찾는 상품이 없으면 바로 다른 편의점으로 향한다. 결국 관리자를 교체했다. 원래의 매출로 정상화하는 데 6개월이 소요됐다.

《삼국지》의 유비는 제갈량을 영입하기 위해 세 번이나 찾아갔다. 이를 삼고초려(三顧草廬)라고 한다. 뛰어난 인재를 얻으려면 참을성 있게 정성을 다해야 한다는 말이다.

사업주가 모든 부분을 관리하는 데는 한계가 있다. 사업주는 직원들의 격려만 담당하면 된다. 직원들이 어려움에 흔들리지 않고 헤쳐 나갈 수 있도록 동기부여를 지속적으로 해줘야 한다.

직원들이 스스로 잠재력을 개발할 수 있게끔 기회를 제공해 주는 것도 중요하다. 직원들이 지식과 경험을 확장하고 새로운 역량을 습득하도록, 그리고 스스로의 약점을 발견하고 이를 보완해 나갈 수 있도록 이끌어야 한다. 또한 직원이 점포에서 얼마나 가치 있는 사람인지 상기시켜 주어야 한다.

직원이 점포의 주인같이 일하게 하려면 사업자와 직원 사이의 유대 관계가 중요하다. 직원의 이직, 질병, 상해 등 잦은 이탈은 사업에 위험을 초래할 수 있기 때문이다.

사업자가 직원을 직접 관리한다면 엄청난 스트레스와 함께 비효율적이다. 직원 중 핵심 직원(key person)을 만들어야 한다. 믿을 수 있는 직원에게 책임을 주는 것이 관건이다. 보통 핵심 직원은 사업체의 주요 인물로 악역도 담당하게 된다.

세계적인 여론조사회사 갤럽(Gallup)의 CEO인 짐 클리프턴(Jim

Clifton)은 "회사 발전에 기여하는 인재는 전체 직원의 15% 수준"이라며 "갤럽 조사로는 한국은 이보다 낮은 10%에 불과하다."고 했다. 그러면서 "기업은 직원들에 대한 교육과 복지 지원으로 동기부여를 해 핵심 인력을 전체 직원의 30% 이상으로 늘려야 한다."라고 조언했다.

솔선수범하면서 직원들을 훈육할 핵심 직원을 찾아서 권한과 책임을 부여해야 한다. 또한 교육과 복지 지원을 아끼지 말고 비전과 목표를 심어주어야 한다. 직원이 스스로 업무에 만족해야 고객의 만족으로 이어진다.

또 하나 중요한 것은 권한을 주어야 책임감을 느끼고 소신껏 일할 수 있다는 사실이다. 권한은 주지 않았으면서 책임만 묻는다면 진심으로 승복하지 않는다. 제일 나쁜 조직이 부장 – 과장 – 대리 등 직위는 두었으되 사장 혼자 대장이고 나머지를 모두 졸병으로 만들어 버리는 형태다.

미국의 범죄학자인 제임스 윌슨(James Wilson, 1931~2012)과 조지 켈링(George Kelling, 1935~2019)이 발표한 '깨진 유리창의 법칙'이라는 심리학 이론이 있다.

길을 걷다가 유리창이 군데군데 깨진 건물을 보면 사람들이 살지 않는 방치된 건물, 폐허로 인식한다. 깨진 유리창을 방치하면 그 지점을 중심으로 범죄가 확산될 수 있다.

치명적인 깨진 유리창은 사업장의 직원일 수도 있다. 실수를 반복하는 직원이 있다면 고객들에게 사업장의 이미지를 나쁘게 만들 수 있기 때문이다. 작은 실수가 사업주의 눈에는 잘 보이지 않을 수 있어도 고객들의 눈에는 잘 띈다. 깨진 유리창을 소홀히 생각하거나 부적절한 대응을 하면 더 큰 손실이 발생할 수 있는 것이다.

비즈니스에도 많이 적용되는 이론이다. 고객들은 기업 또는 직원의 사소한 실수 하나로 그 기업을 불신한다. 고객이 겪은 단 한 번의 불쾌한 경험, 정리되지 않은 상품, 불친절한 직원 등이 사업장 전체를 흔들 수 있다.

어느 사업장이든 정기적으로 직원들을 교육한다. 창업에 성공하려면 아이템과 판매도 중요하지만 반드시 직원 교육이 병행되어야 한다.

모두가 한 가지 목적을 가지고 일치단결해 서로 협력해야 성공할 수 있다. 사업에 실패한다면 직원 관리의 문제일 수도 있다. 지금이라도 직원들이 역할을 제대로 하고 있는지, 핵심 직원이 있는지 다시 점검해 봐야 할 것이다.

창업이라는 배를 타고 항해를 할 때 선장(대표)의 명을 받아 부하를 지휘하고 질서 및 규율의 유지, 안전 관리, 시설의 보존 정비, 인사 관리 등의 직무를 수행할 일등항해사가 필요하다. 그에 더해 배의 기관을 조종하는 기관사, 배의 키를 담당하는 조타수, 갑판에 딸린 업무를 보는 갑판원 등 각 보직에 맞는 인력이 갖춰져야 한다.

마음에 드는 종업원을 구하지 못했거나 직원의 능력이 부족하거나 인력 관리 능력이 부족하다면 처음부터 혼자 노를 젓는 작은 배(업종)를 선택해야 할 것이다.

06. 고객이 없다면 사업도 없다

사업장의 매출을 올려주는 사람은 결국 고객이다. 아이템이 아무리 좋고 자본이 많아도 고객이 없다면 사업은 100% 실패한다.

필자가 가장 중요하게 여기는 부분도 고객 관리다. 고객이 만족하는지, 고객이 무엇을 원하는지 사업주는 파악하고 있어야 한다. 기존고객의 관리를 통해 신규고객을 창출하는 것이 가장 효과적이면서 효율적이기 때문이다.

고객 관리의 중요성을 느끼면서도 실행에 옮기지 못하고 있거나 심지어 고객 관리의 개념조차 모호해져 버린 사업장이 많다. 매출이 부진하다면 고객 관리를 거의 실천하지 않고 있다는 것이 이유일 소지가 크다.

경기도 용인시에서 칼국수 전문점을 운영하는 박○○ 대표는 개점 초기부터 지속적으로 블로그 체험단, 홍보물 배포 등 다양한 홍보를 진행해 왔다. 그럼에도 불구하고 매출은 정체된 상태였다. 비용 절감을 위해 홍보를 중단하면 매출이 떨어져 홍보를 멈출 수도 없었다.

필자가 점검해본 결과 단골고객은 감소하고 신규고객만 찾는 매장이었다. 그 결과 홍보비와 매출이 비례하게 된 것이다. 홍보마저 멈추면 매출 하락으로 사업을 접어야 하는 단계까지 갈 수도 있는 상황이었다. 고객 관리에 실패하고 있는 것이다. 이런 경우 주변에 경쟁업체라도 입점하게 된다면 폐점으로 가기 십상이다.

사업장의 고객 관리는 내부에서부터 시작된다. 내부에 문제점이 있기에 고객이 감소한 것이다. 문제점을 해결하지 않는다면 결국 실패의 원인이 된다.

고객 관계 관리(customer relationship management: CRM)의 중요성이 대두되고 있다. 충성고객을 찾아내 그들에게 더 많은 혜택을 주려고 하고 있다. 신규고객 유치를 위해 투자하기보다는 기존고객 관리가 더 효율적이기 때문이다.

이탈리아의 경제학자 빌프레도 파레토(Vilfredo Pareto, 1948~1923)는 영국과 유럽국들의 소득 통계를 조사했다. 그는 영국 인구의 약 20%가 영국 전체 부의 약 80%를 움직인다는 걸 발견한다. 이외 다른 나라에서도 비슷한 경향이 있는 것을 확인했다. 이를 '파레토 원칙(Pareto principle)' 또는 '2080 법칙'이라고 한다.

일본의 곤충학자 하세가와 에이스케(長谷川英祐)는 곤충 세계에서 이와 비슷한 현상을 찾아냈다. 개미를 관찰한 결과 개미의 종류와 무관하게 일개미 중 80% 정도는 생산적인 일을 하지 않고 돌아다녔다고 한다. 꿀벌도 일벌 중 20% 정도만 열심히 꿀을 모으러 다녔다. 그런데 열심히 일하는 20%의 꿀벌을 따로 떼어놓으니 이 무리에서 다시 열심히 일하는 20%와 비생산적인 80%가 만들어졌다고 한다.

미국의 경영 컨설턴트인 조셉 주란(Joseph Juran, 1904~2008)은 "기업에서 발생하는 문제 중 중요한 20%를 해결하면 나머지 80%는 자연스레 해결된다."라고 말했다.

즉, 신규고객 확보를 위해 외부에 투자하기보다는 충성고객 유지에 더 힘을 기울여야 한다는 것이다. 이에 기업들도 VIP, 단골고객에게 다양한 혜택을 제공하고 있다.

MOT(moment of truth)는 스페인의 투우에서 나온 '진실의 순간'이라는 뜻의 말이다. 투우사가 마지막에 흥분해 있는 소의 급소를 찌르는, 실패가 허용되지 않는 '결정적 순간'을 이렇게 부른다.

MOT는 경제용어로도 쓰여 '고객접점'을 뜻한다. 고객접점이란 고객이 처음 기업과 접촉한 뒤 서비스가 마무리 될 때까지의 과정을 의미한다. 좁은 의미에서는 직원과 고객이 접촉하는 접객 서비스 응대를 말하지만 넓은 의미로는 고객이 인지하거나 기억하는 모든 순간을 포함한다.

스칸디나비아 항공(SAS)의 창업자 얀 칼슨(Jan Carlson, 1941~)은《진실의 순간(moment of truth)》이라는 책을 통해 "스칸디나비아 항공에서는 1년에 약 1,000만 명의 고객이 5명의 직원과 순차적으로 접촉하고, 매 접촉 시간은 15초 정도다. 그래서 1년에 5,000만 번, 한 번에 15초씩 고객의 마음에 새겨지게 된다. 이 5,000만 번의 '진실의 순간'이 SAS라는 기업의 성공과 실패를 결정적으로 좌우하는 순간이다."라고 말했다.

고객은 내 사업장에 방문하여 15초 이내에 좋고 나쁨을 판단한다. 그만큼 고객과 접하는 모든 순간순간이 중요하다는 뜻이다.

MOT가 중요한 이유 중 하나는 고객이 경험하는 서비스의 품질이나 만족도에 곱셈의 법칙이 작용되기 때문이다. $1 \times 2 = 2$, $3 \times 4 = 12$이지만, $9 \times 0 = 0$이 될 수밖에 없다. 전체적으로 높은 점수를 받았더라도 어느 한 부분에서 0점을 받는다면 그 결과는 0이 되어 형편없는 서비스로 낙인찍힐 수 있다. 여러 번의 결정적 순간 중에 단 한가지만이라도 나쁜 서비스가 발생되면 전체 고객을 잃어버릴 수 있다는 뜻이다.

보편적인 서비스 형태로 흔히 보는 서비스종업원, AS요원, 상담접수원, 주차관리원, 경비원, 보안요원 등이 그런 대상인 경우가 많다. 이런 직원들의 서비스 질에 따라 그 회사의 이미지가 순식간에 하락하거나 상승하는 요인이 될 수 있다.

MOT 서비스 효과를 극대화하기 위해서는 접점에 배치된 직원들에게 권한을 위임하고 고객의 만족도에 대한 인센티브제를 마련하는 시스템 구축이 필요하다. MOT 그 자체가 상품성을 띠게 되는 것이다. 조직의 업무력이 떨어져 있다면 결단을 내릴 필요가 있다.

잠재고객의 관심을 실제 구매로 연결시키기 위해서는 제품 정보, 견본품, 쿠폰, 카탈로그, 체험, 이벤트 등 고객접점 관리가 필요하다. 구전을 통해 기존고객을 매개체로 신규고객의 소개를 유도하는 전략도 필요하다. 기존고객의 소개로 유입되는 신규고객은 라이프 스타일이 비슷한 집단으로 우량고객이 될 가능성이 높다.

충성고객이라고 소홀해서도 안 되고, 꾸준한 고객 관리를 통해 충성고객을 점차 늘려나가는 전략이 필요하다. 충성고객이 늘어나지 않고 정체된 상황이라면 매출이 하락하는 시점이다. 결국 실패의 원인이 될 수밖에 없다.

고객 관리 현황 점검

고객 관리 비중은?	고객 확보(%) 고객 유지(%)
고객 확보 채널은?	블로그? 페이스북? 홈페이지? 지인 소개? 홍보물? 기타?
고객 유지 방법은?	이벤트? 커뮤니티? 서비스? 포인트? 기타?
고객 관리 시 문제점은?	

사업장의 고객 비중 및 확보를 위한 채널, 유지 방법, 문제점 등을 재점검해 충성고객을 늘려야 한다.

고객 유형별 응대 요령

성격이 급한 고객	신속하고 정확하게 대응한다. 지연 시 사유에 대해 말하고 양해를 구한다.
아는 척하는 고객	가르쳐 주는 방식은 피한다. 무시의 말은 피한다.
말이 많은 고객	경청에 집중한다. 중간에 말을 자르지 않는다.
말이 적은 고객	'예' 또는 '아니오' 등 대답 가능한 질문으로 유도하여 대화한다.
의심 많은 고객	분명한 근거와 증거를 제시한다. 확신 있는 어조로 답한다.
흥분하는 고객	감정을 자극하지 않는다. 낮은 톤으로 평온하게 대응한다.
거만한 고객	정중하게 응대한다. 장점을 칭찬한다.
학구적인 고객	질문에 납득이 가도록 설명한다. 모를 경우 모른다고 분명히 답변한다.

펜실베이니아 대학교 와튼경영대학원의 '불만고객 연구'에 따르면 불만을 느낀 고객 100명 중 32~36명이 그 점포를 재방문하지 않는다고 한다. 그러면서 불만고객이 점포에 그 사실을 말하는 경우는 6%에 불과하고 친구, 가족, 동료들에게 적극적으로 알리는 경우는 31%에 달한다고 한다.

사업주는 고객에게 귀를 기울여야 한다. 고객의 불만은 문제를 해결할 수 있는 소중한 정보이기 때문이다.

마케팅 조사회사 TARP의 존 구드만(John Goodman)은 20개국의 많은 산업을 조사하면서 고객 불만율과 재방문율, 재구매율의 관계에 대해 알게 됐다. "어떤 고객이 특정 브랜드 매장을 평소처럼 아무 문제없이 이용할 경우 10% 정도의 재방문율을 보인다. 그러나 불만 사항을 말하러 온 고객에게 직원이 성심성의껏 대응하면 65%가 매장을 다시 방문한다." 불만고객을 잘 응대하면 충성고객을 얻을 수 있다는 말이다.

현장에서는 다양한 불만고객을 계속 만나기 마련이고, 그들은 자신이 제기한 문제가 해결되기를 바란다.

고객의 불만을 들었다면 해결책을 제시해야 한다. 답변에 고객이 만족하지 않는다면 고객에게 대안을 물어보는 것도 방법이다. 제일 나쁜 응대는 고객의 말을 중간에 끊거나 변명을 늘어놓는 것이다.

예를 들어보자. 고객이 오늘 음식이 다른 날보다 짜다는 불만을 제기했다고 치자. 이때 식당 주인은 사과와 함께 더 신경 쓰겠다고 하면 된다. 그런데 바빠서 미처 간을 보지 못했다는 등 변명을 앞세우는 식당 주인이 있다. 그럼 고객은 다음에도 똑같은 일이 생길 수 있겠구나 하는 생각이 들어 그 식당을 찾지 않게 될 것이다. 고객은 개선을 바란 것이지 변명을 듣고자 한 것이 아니기 때문이다.

불만고객에 대한 응대 마무리 과정에서는 불만 제기에 감사를 표하고 이후 그 고객이 재방문, 재구매하는지 결과를 확인하도록 한다. 불만고객에 대한 관리가 잘되면 그런 적이 없는 고객보다 오히려 단골이 될 가능성이 높다. 재방문하지 않는다면 불만에 대한 관리가 잘못된 것이다.

사업장의 고객 관리는 내부에서부터 시작된다. 내부에 문제점이 있기 때문에 고객이 감소하는 것이다. 잊지 말아야 할 부분이다.

07. 작은 점포라도 기업가정신이 있어야 한다

실패한 사업가들을 보면 과거 집착, 책임 회피, 자만 등 몇 가지 특성을 보인다.

과거에 있었던 작은 성공에 집착해 자신은 절대 실패하지 않을 것이라는 망상을 한다. 과거의 성공 경험에 기댄 나머지 시장을 제대로 보지 못하는 것이다. 사업가는 미래를 보는 냉정한 시선을 가져야 한다.

또한 실패한 이유를 남의 탓으로 돌리거나 운이 나쁜 것으로 생각한다. 주위로부터 협조 받지 않고 모든 것을 혼자 결정하고 처리하거나 모든 일을 혈연·지연·학연·인맥 등의 관계 중심에서 맴돌며 해결하려고 한다.

실패한 사업가들은 타인의 조언도 잘 듣지 않는다. 문제에 대한 해답을 자신이 다 안다고 착각해 남의 발언에 앞서 자신이 먼저 결론을 내린다. 사업가에게 겸손과 경청은 주변으로부터 도움을 얻을 수 있게 하지만 자만은 사람도 기회도 놓치게 만든다.

이런 사람들은 다시 사업을 해도 실패하기 십상이다. 어떤 행위나 결정에 대해 궁극적인 의미를 찾아 깊게 파고들지 않기 때문이다. 순발력은 있지만 즉흥적으로 흐르고 사업에 꼭 필요한 지구력도 없다.

강원도 원주시에 사는 민○○ 대표는 업종 전환 준비 중이다. 해물주점을 했는데 매출 하락과 함께 운영이 어려워지자 업종 전환을 생각했다.

필자와 만나 상담하는 동안 민 대표는 신규 업종의 동향에 대한 이야기는 거의 없었다. "과거에는 매출이 높았다." "전에는 괜찮았는데 기상 악화로 해물이 폐사하여 물품 구입이 어려워졌다." 등 업종 전환에 관한 이야기보다는 과거만 늘어놓았다.

여건만 탓해서는 실패한 이유를 진정으로 찾을 수 없다. 대부분의 동종 사업자들은 동일한 조건에서 사업을 영위하고 있다. 민 대표는 핑계를 통해 실패를 인정하고 싶지 않은 것뿐이다.

사업가는 기업가정신이 있어야 한다. 작은 점포의 운영자라 해도 다르지 않다. 기업가(entrepreneur)라는 용어는 '착수하다', '시작하다'라는 의미를 가진 프랑스어 'entreprendre'에서 유래했다. '새로운 사업을 수행하는 사람'이라는 의미를 가지고 있다.

기업가정신은 '미래의 불확실성과 높은 위험에도 주도적으로 기회를 포착하고 도전하며 혁신 활동을 통해 새로운 가치를 창조하는 실천적 의지'라고 말할 수 있다. 기업의 본질인 이윤 추구와 사회적 책임의 수행을 위해 기업가로서 마땅히 갖추어야 할 태도와 정신을 의미한다.

최초로 기업가정신에 대해 학문적으로 접근한 오스트리아 출신의 미국 경제학자 조지프 슘페터(Joseph Alois Schumpeter, 1883~1950)는 '새로운 사업에서 생길 수 있는 위험을 감수하고 어려운 환경을 헤치며 기업을 키우려는 뚜렷한 의지'라고 정의하고 있다.

미국의 경영학자인 피터 드러커(Peter Ferdinand Drucker, 1909~2005)는 위험을 무릅쓰고 포착한 기회를 사업화하려는 모험과 도전 정신이라고 정의했다.

두 가지 이야기를 통해 보듯 기업가정신과 혁신은 뗄 수 없는 관계다.

현대적인 개념에서 기업가는 상품, 생산 방식, 시장, 기술 등에서 혁신을 촉진시키는 사람이라고 할 수 있다. 기업가정신은 환경의 변화에 대해 신속하고 유연한 적응력과 함께 혁신적 행위를 가능하게 한다.

사업가라면 주도적이고 강한 책임감으로 문제를 탐색하고 해결 방안을 찾을 수 있어야 한다. 비즈니스의 결과에 따라 스스로 책임을 질 줄 알아야 한다. 실패를 통해 배우고 위기를 기회로 바꾸는 지혜가 필요하다. 사업을 행운에 기대지 말고 엄격한 자기관리로 통제할 줄 알아야 한다.

사업을 단기적으로 보지 않고 중 · 장기적인 관점으로 봐야 하며 이에 필요한 자신의 장단점에 대한 냉철한 판단이 필요하다.

사전에 준비해 신중하되 빠른 결정을 통해 목표 달성에 주력해야 할 것이다. 아무리 작은 사업장이라도 사업을 하는 사람이라면 기업가정신을 되새겨봐야 한다.

08. 음식업, 소매업은 입지가 중요하다

아이템에 적합한 상권은 사업 성공의 기본이자 필수다. 상권이란 소비자와 판매자가 만나는 지역적인 특성을 가진 공간이다. 나아가 상업상의 세력이 미치는 범위이기도 하다.

상권은 소비자들의 생활공간을 기반으로 하는 경제공간이면서 지역경제권을 형성한다. 또, 고객이 흡인되는 지리적 범위, 즉 해당 점포나 사무실을 이용하는 고객들의 거주 지역과 연관지어 입지라는 말도 쓴다.

입지는 효율적인 매출을 위해 적당한 사업장의 장소를 찾아 선택하는 것으로, 사업장이 소재하는 위치 조건을 의미한다. 하지만 산업, 생산, 창업 중에 어떤 목적을 갖느냐에 따라서 그 의미와 특성은 조금씩 차이가 생길 수 있다.

소매업, 음식업, 유흥오락 산업은 흔히 입지산업이라고 한다. 여기서 입지는 상권 내 해당 점포가 위치하고 있는 장소를 의미한다. 이를테면 정류장, 횡단보도, 경사지 등 주변 지형과 관련된다.

입시 선정은 사업의 성공과 실패를 좌우할 만큼 중요하다. 사실상 대중을 상대로 하는 사업은 어떤 아이템을 주력으로 할 건가 하는 업종 선정과 함께 어디에서 할 것인가가 큰 관건이 된다.

점포가 위치한 입지 조건에 따라서 상권의 범위가 달라진다. 입지 조건이 좋으면 상권의 범위는 당연히 좋게 되고, 반대로 상권이 좋으려면 입지 조건이 좋아야 한다. 그렇기에 입지라는 용어는 실제 현장에서 상권이란 말과 혼용해 사용되기도 한다. 이처럼 입지와 상권은 서로 불가분의 관계이기도 하다.

입지에서 가장 중요한 조건은 가시성과 접근성이라고 할 수 있다.

쉽게 눈에 잘 띄는 것을 말하는 가시성은 건물의 외관, 간판, 조경 등을 포함한다. 간단해 보이지만 주간과 야간, 계절, 도시계획, 가로수의 성장 등에 따라서 중장기적으로 가시성은 변할 수 있다.

그런 만큼 현재와 미래의 가시성을 동시에 생각해야 한다. 편의점 경우 점포 앞에 파라솔을 놓을 공간이 있다면 가시성을 높이는 부분 중 하나다. 점포 앞 도로에 고가차도가 생긴다면 도시계획으로 인해 가시성이 차단된 경우다. 이렇듯 가시성은 변동될 수 있다는 것도 염두에 두어야 한다.

접근성은 고객이 특정 지역이나 시설로 얼마나 쉽게 올 수 있는지를 가리킨다. 일반적으로 거리, 통행 시간, 매력도 등에 의해 결정되며, 접근성이 좋을수록 교통량이 많아지는 특징을 보인다.

점포 자리를 고를 때 고객 입장에서 도보 및 차량 접근이 얼마나 용이한지도 확인해야 한다. 도보 접근성은 횡단보도, 대중교통 이용의 편의성 등이 요건이 되고, 차량 접근성은 차로 폭, 점포 가까운 곳에서의 유턴 가능 여부, 주차 환경 등을 살펴야 한다.

경기도 용인시에서 감자탕 전문점을 운영하는 이○○ 대표는 개점 3개월 만에 고민이 생겼다. 사업장 주변에 병원, 대형마트, 중소형마트가 있어서 입점했는데 생각 외로 고객이 없는 것이다. 잘못된 업종 선택인가 하고 업종 전환까지 고민했다.

필자가 방문해 둘러본 결과 흘러가는 상권이었다. 전철역에서 마을버스를 타고 고객들이 지나쳐 버리는 것이다. 이 대표의 감자탕 전문점 앞을 지나다닐 고객이 처음부터 적었다.

대형 시설만 보고 잘못된 입지를 선택한 것이다. 임대료도 주변 시설에 비해 높기에 사업장을 정리해 양도하기를 권했다. 상권은 눈에 보이는 부분이 전부가 아니다. 흐름을 읽어야 한다.

창업을 준비할 때 가장 중요한 것은 바로 상권이다. 특히 음식업, 소매업, 서비스업의 경우 장소가 성공의 절반 이상을 차지할 만큼 비중을 차지한다. 반드시 체크해야 하는 사항 중 하나다.

상권 분석의 목적은 성공 가능성 진단, 투자금액 책정, 사업장의 고객 파악, 수익성, 업종 및 업태 선정, 마케팅 전략 수립을 위한 기초자료 수집, 종업원 채용의 편의성 검토 등을 목적으로 한다. 이는 업종과 사업자의 성향, 특성, 환경에 따라 달라진다.

분석 방법 또한 이러한 배경을 토대로 한다. 좋은 상권은 단순히 유동인구가 많은 지역을 의미하는 것이 아니다. 창업 아이템에 따라 상권이 달라질 수 있기 때문이다. 이런 중요한 일을 스스로 확인하지 않고 프랜차이즈 본사 또는 공인중개사 등의 말만 믿어 오류를 범하는 사람들이 많다.

폐업도 경쟁이다

창업 아이템마다 입지가 다르겠지만 중요한 부분은 유동인구의 흐름을 철저히 분석해야 한다는 것이다. 창업하고자 하는 업종의 고객 접근성, 가시성, 주력 유동인구의 연령별 분석, 상권 특성 분석이 그런 것들이다. 자신의 업종은 물론 주변 전체의 상권 형성 정도를 조사해 지역이 발전하는 곳인지 쇠퇴하는 곳인지도 파악해야 한다.

현재는 변화한 상권이라도 쇠퇴하고 있는 지역이면 장기적으로 이득을 못 볼 수 있다. 주변에 자신이 창업하고자 하는 업종에 도움이 될 만한 업종이 형성되어 있는지도 따져 봐야 한다.

피해야 할 상권은 상가의 연속성이 단절된 경우, 임대료가 주변 시세에 비해 너무 싼 경우, 권리금이 없는 경우, 사업장의 주인이 자주 바뀌는 경우, 교통 활성화로 구획이 나눠지는 경우 등이다.

지형지세도 살펴야 한다. 물이 높은 곳에서 낮은 곳으로 흐르듯 언덕이나 경사지보다는 상대적으로 낮은 지형에 사람이 모이고 상권이 형성될 가능성이 높기 때문이다. 이런 곳은 지하철과 버스 등의 교통 여건이 양호하고 각종 편의 시설이 집중되며, 상권의 확장도 용이하다. 대부분의 좋은 상가는 사람들의 동선을 따라서 낮은 곳에 밀집해 있다.

상권은 교통 여건의 변화에 의해 번성하기도 하고 쇠퇴하기도 한다. 특히 지하철과의 연계 여부는 상권의 성쇠와 연관성이 크다. 주의할 점은 역세권이라고 반드시 좋은 상권은 아니라는 것이다.

예를 들면 용인경전철이 개통되면서 경전철 라인에 놓인 상가들의 매출이 떨어지는 일이 발생했다. 용인 명지대역 앞에 입점한 미용실은 이 지역에 주택이 느는 것을 보고 서울에서 이전해 왔는데, 매출이 쉽지 않아 입주 반년 만에 가격을 세 번 수정했다. 교통편의 확대가 고객을 외부로 나가게 만든 것이었다. 상권의 특성에 대한 검증을 소홀히 한 결과다.

학교나 운동장 시설, 하천, 공원과 같은 자연지형물이 있는 곳이나 6차선 이상의 대로가 있는 곳은 보편적으로 상권의 연결성이 떨어지고 단절될 가능성이 크다. 가급적이면 피하는 것이 좋다.

이외 도시계획, 건물 부도, 건물의 법적인 하자 등도 신중히 점검해야 할 사항들이다. 좋은 상권일지라도 변화에 따라 사업장의 승패가 바뀔 수 있기 때문이다. 예를 들면 서울시 광진구에 위치한 구의역 상권은 서울동부지검이 송파구로 이전해 가면서 상권이 무너졌다. 상가의 권리금 및 임대료까지 하락하고 말았다.

초보자가 파악할 수 있는 쉬운 방법은 현재 운영 중인 점포들의 사업 운영 기간을 확인하는 것이다. 평균적으로 사업 운영 기간이 길고, 매물로 나와 있는 점포의 수가 적다면 그 상권은 안정적인 상권이라고 볼 수 있다. 반대로 점포들의 운영 기간이 짧다면 불안정한 상권이다.

창업자가 사는 곳 근처의 상권부터 돌아보는 것도 좋다. 지리적으로 익숙한 만큼 주민의 유동성, 성향, 생활수준 등의 파악에 용이하기 때문이다. 알고 있는 상권에서 시작하는 것도 좋은 방법이다.

상권 분석은 사업자가 직접 실시하는 것이 제일 바람직하지만 어려울 땐 상권 정보 시스템을 이용하거나 전문가에게 도움을 받는 것이 좋다. 상권 전문가에게 의뢰하더라도 가급적이면 현장에 나가서 분석 과정을 함께 면밀히 검토해 보기를 권한다.

폐업도 전략이다

09. 동일 업종이 많으면 공멸한다

중소기업중앙회(KBIZ)가 소상공인 전문컨설턴트 197명을 대상으로 창업 실패 요인에 대해 의견을 물은 적이 있다. 그 결과 73%가 자영업자의 수가 적정 수준보다 많으며, 특히 음식업과 이·미용업이 가장 심각하다고 답했다.

도소매, 음식·숙박업, 개인서비스업 등 분야의 과당 경쟁은 폐업의 원인이 된다. 음식점업은 특별한 전문 기술이 없어도 창업이 쉽다 보니 동종 업종 간 과당 경쟁이 치열하다. 여기에 경기 침체와 이에 따른 소비 위축 등이 겹치면서 폐업이 늘고 있다.

경기도 여주시에 위치한 △△주유소 정○○ 대표는 주변에 주유소가 추가로 입점하면서 고민이 생겼다. 1990년대 이래 주유소 간 거리 제한 철폐, 허가제에서 등록제로의 전환을 타고 주유소가 급격히 늘었다.
동종 업종의 증가는 과당 경쟁으로 이어졌고 매출 감소를 불러 왔다. 주유소는 여타 소매 업종보다 이익률이 낮은 편이다. 다른 주유소와의 경쟁을 위해 휘발유 값 하락을 시도한 부분이 인건비에 압박을 준 데다 경쟁업체마저 들어서면서 적자로 돌아선 것이다. 정 대표는 결국 빚과 함께 주유소를 폐업하고 말았다.

〈식품외식경제〉와 〈월간식당〉에서 음식업 사업자 364명을 대상으로 설문조사를 진행했다. 영업 환경과 관련한 질문이 있었다. 음식점 증가로 인한 과당 경쟁을 문제로 꼽은 응답자가 2014년 17.8%에서 2018년 45.5%로 약 1.5배 이상 증가하였다.

연평균 8.9%에 달하는 외식산업의 급성장세로 국민 78명당 1개꼴로 음식점이 늘어난 현실을 음식업 경영자들이 이젠 피부로 체감하고 있는 것으로 보인다.

음식·숙박업은 과당 경쟁으로 수익성과 생존 가능성이 매우 낮다. 그럼에도 영세 자영업자들이 음식업 등의 창업시장에 몰리는 이유는 진입 문턱이 낮기 때문이다.

낮은 진입 문턱이 '묻지 마 창업'을 부추기고 결국 경쟁력을 갖추지 못한 음식점들이 과당 경쟁에 내몰리면서 폐업하게 되는 빈곤의 악순환을 반복하고 있는 것이다.

"퇴직한 사람 셋 중 하나는 치킨점 사장이 된다."는 말이 있을 만큼 '국민 창업 아이템'으로 자리 잡은 치킨점이 대표적인 예다. 최근엔 최고 인기 창업 아이템이 치킨에서 '커피'로 바뀌었다. 소상공인시장진흥공단에 따르면 2020년 현재 영업 중인 전국의 커피 전문점은 대략 8만여 개로 치킨점(5만 곳 이상)보다 약 3만 개가 많다.

메뉴에 커피가 있는 각종 디저트 전문점 등을 합하면 전국의 커피 판매점 수는 10만 개를 훌쩍 넘는다. 매장 수의 증가 속도도 커피점이 치킨점을 압도한다. 커피점 수는 공단이 조사하기 시작한 지 2년 3개월 만에 63% 증가했다. 같은 기간 치킨점은 35% 늘었다.

커피 판매점이 급격히 늘면서 '가격 낮추기 경쟁'까지도 치열하다. 2000년대 초반만 해도 커피 전문점은 4,000원대 이상의 고가 프랜차이

폐업도 전략이다

즈 매장이 많았지만 최근에는 중저가 커피 브랜드가 쏟아져 나오고 있다. 1,000원짜리 커피를 파는 테이크아웃 전문점까지 우후죽순처럼 생겼다.

커피업계에선 '공멸할 수도 있다'는 우려의 목소리가 나오고 있다. 소상공인시장진흥공단에 발표에 따르면 전국 커피 전문점의 업력은 2년 미만이 41.1%로 가장 많았고, 5년 이상은 29.8%에 그쳤다. 음식·배달 서비스 업종보다 생존율도 떨어졌다.

편의점 간의 경쟁도 만만치 않다. 국내 주요 편의점 5개사의 점포만 2020년 기준으로 4만 2,000여 개다. 아파트 단지 옆에는 어김없이 한 곳 이상의 편의점이 있고, 어디서든 조금만 걸으면 어렵지 않게 편의점을 찾을 수 있다.

한 지붕 두 편의점이라는 말까지 나오고 있다. 유명 편의점뿐 아니라 중소 브랜드, 개인이 직접 운영하는 편의점까지 더하면 그 수는 더 많을 것으로 보인다.

편의점은 2007년 1만 개를 돌파한 이후 2만 개를 돌파하기까지 5년이 걸렸다. 그러나 3만 개를 넘는 데 4년, 4만 개를 돌파하기까지는 2년밖에 걸리지 않았다. 1인 가구 증가 등으로 편의점 시장이 급성장하면서 업체들이 출점 경쟁에 나선 영향이다.

업계에서는 편의점 재계약 시기가 몰린 2020~2022년 폐업 대란설까지 돌고 있다. 점포 계약 기간 5년이 만료되는 시점에 줄폐점할 수 있다는 것이다.

이처럼 조금 뜬다 싶으면 유사 프랜차이즈가 난립해 같은 가맹점끼

리도 생존 경쟁을 벌여야 한다. 주변에 경쟁점이 많다면 공멸하는 것은 당연한 수순일 수도 있다. 과당 경쟁을 피할 수 있는 방법은 결국 전문성과 차별성을 확립하는 방법뿐이다.

다만, 특정 메뉴 업소가 집단적으로 몰려 있는 '△△골목' 같은 경우는 예외다. 신당동 떡볶이골목, 대구 막창골목처럼 타운 내의 식당들이 서로 경쟁자이면서 유명세의 파트너가 되는 특이한 케이스다. 물론 그 가운데서도 더 많은 고객을 유치하는 차별적인 식당은 또 존재하겠지만.

10. 시대가 변하면 함께 변화해야 한다

사람은 태어나서부터 변화를 배우고 변화하면서 성장한다. 울기만 하던 아이가 기어 다니다가 넘어지기를 반복하면서 걸음을 배운다. 그렇게 우리는 한 가지씩 배우면서 성장한다.

어릴 적에는 아무것도 몰라 외부의 자극을 받아들이면서 변화했다면 성인이 되고부터는 변화를 선택적으로 수용한다. 결국 우리는 변화를 반복하면서 생활하고 있는 것이다.

현재도 경기 침체 및 불황, 사회적 이슈, 정책 변화, 천재지변 등 여러 외부적 변화 속에서 살고 있다. 변화에 대처하지 못한다면 도태될 수밖에 없는 것이 우리네 삶이다.

하지만 변하고 싶다는 말은 쉬워도 실제로 변하기란 쉽지 않다. 시간의 흐름에 따라 변화가 진행되는 것이 자연스러운 현상이지만 그 과정에서 중요한 사실을 발견하게 된다. 그중 하나가 바로 많은 사람들이 변화를 거부하고 두려워한다는 사실이다.

사업장의 취급 상품만 좋으면, 아이템만 좋으면 무조건 성공할 것이라고 생각하는 사업자들이 많다. 그러나 시대는 변하고 있고 고객의 욕구는 다양해지고 있다.

사업이 잘된다고 해서 현재에 안주해서는 안 된다. 변화는 필연적이다. 사업자는 새로운 변화에 두려워하지 말아야 한다. 새로운 변화가 예기치 않은 성장과 발전을 가져다 줄 수도 있기 때문이다. 먼저 두려워할 필요는 없다. 극히 자연스러운 현상이다.

변화를 망설이는 사람이 많다. 그 이유는 보통 세 가지로 나뉜다. 첫째는 새로운 일에 대한 적응을 두려워하기 때문이다. 둘째는 아무리 상황이 나빠도 변화하면 상황이 더 악화되지 않을까 하는 두려움에 사로잡혀 있기 때문이다. 셋째는 변화에 따른 불편함을 견디지 못할 것이라는 편견 때문이다. 그러나 변화를 받아들이지 않으면 항상 제자리걸음만 반복할 수밖에 없다.

잘 나가던 과거에 연연하거나 큰 걱정 없는 현실에 만족하는 순간 미래의 희망은 없다. 급변하는 세상을 두려워하거나 도전을 중단한다면 미래는 없다.

자신을 변화의 중심에 놓지 못한다면 다른 사람들이 만든 변화의 물결에 휩쓸리게 된다는 것을 명심해야 한다. 고객의 욕구를 정확하게 읽고 그에 맞는 환경에 대한 인지능력을 키워 적절히 대처해 나가야 한다. '고인 물은 썩는다.'는 말이 있듯 항상 진취적이고 능동적으로 움직여야 한다.

프랑스 요리에 그르느이(grenouille)라는 요리가 있다. 개구리를 재료로 하는 '삶은 개구리 요리'다. 손님이 앉아 있는 식탁에서 개구리를 산 채로 냄비에 넣고 요리를 한다.

물이 처음부터 뜨겁다면 개구리가 바로 뛰쳐나오겠지만 매우 약한 불로 천천히 온도를 높이면 개구리는 위기상황에 처한 것을 모른 채 천천히 익으며 결국 죽고 만다.

오랫동안 계속된 편안함에 안주해 현실의 문제 해결을 외면하고 목표 없이 그저 시간을 보내는 현상이다. 심리학 용어로 삶은 개구리 증후군(boiled frog syndrome), 비전상실 증후군이라고도 한다.

이는 실험실에서도 입증되었다.

미국 코넬 대학교(Cornell University)의 실험실에서 있었던 일이다. 개구리 한 마리를 차가운 물이 담긴 비커에 넣었다. 비커 밑에는 분젠등을 놓고 1초에 화씨 0.017℃씩 물이 데워지도록 불꽃을 아주 작게 해놓았다. 온도가 서서히 높아지기 때문에 개구리는 온도의 변화를 감지하지 못했다.

마음만 먹으면 당장이라도 비커에서 뛰어올라 안전한 곳으로 갈 수 있음에도 불구하고 개구리는 태평하게 있었다. 온도는 0.017℃씩 올라가는데 개구리는 여전히 비커 속에서 빠져 나올 생각을 하지 않았다.

두 시간 반쯤 지난 뒤 개구리는 뜨거운 물에 삶아져 죽어 있었다. 자신이 죽어 가는 것도 느끼지 못하고 있다가 그대로 삶아진 것이다. 변화가 느리기 때문에 자기에게 위기가 닥쳐온다는 사실을 알지 못했다.

진화론을 확립한 찰스 다윈(Charles Darwin, 1809~1882)은 "살아남는 것은 가장 강한 종이나 가장 똑똑한 종이 아니라 변화에 가장 잘 적응하는 종들이다."라고 말했다.

당신은 변화를 눈치 채지 못해 경쟁에서 낙오되고 있는 중인지도 모른다. 변화하는 시대에 맞게 새로운 패러다임으로 맞서지 않으면 도태되는 것은 당연한 일이다.

영어로 변화를 뜻하는 체인지(change)라는 단어의 알파벳 'g' 대신 'c'를 넣으면 찬스(chance)가 된다. 변화를 통해 기회를 잡아야 할 것이다.

11. 자금 관리는 사업장을 운영하는 원동력이다

창업진흥원의 '창업지원기업 폐업 및 재기 활동 실태조사'에 따르면, 폐업에는 자금 조달 실패(26.8%)도 큰 원인으로 나타났다. 사업비는 사업자의 역량에 맞추는 것이 좋다. 무리한 차입, 과소·과잉 투자, 현금 흐름 관리 실패, 공사 자금 경계가 불분명하다면 실패 원인이 될 수 있다.

초기 사업비를 맞추기 위해 무리하게 담보 대출, 사채, 친인척 돈 등을 빌려서 사업을 시작하는 것은 좋지 않다. 안정적으로 유지할 수 있는 재정 내에서 사업을 운영하는 것이 합리적이다.

자본 관리는 창업의 성패를 좌우하는 가장 큰 요소 중 하나다. 시장성이 좋고, 수익성이 높은 사업이라도 사업 추진에 필요한 적정 규모의 자금이 적기에 조달되지 않으면 그 사업의 성공 가능성은 낮아지게 된다.

경기도 용인시 △△초등학교 앞에서 문구점을 운영하는 박○○ 대표는 자금 운영에 문제가 생겼다. '준비물 없는 학교' 정책이 발표되면서 매출이 감소했고 이에 대응하고자 새로운 물품 구매를 위해 대출을 받기 시작했다. 하지만 생각처럼 판매가 안 되어 재고로 남게 되고 다른 상품을 구매하기 위해 추가 대출까지 받은 것이다.

제1금융 이외 제3금융 사채까지 빌린 것이 문제가 됐다. 신용 하락으로 이어지며 더 이상 자금을 빌릴 방안이 없어진 것이다. 결국 주택까지 담보로 잡혀 거리에 내몰리게 됐다. 원금과 이자가 주택을 팔아도 갚지 못할 정도로 불어났다. 필자가 권할 수 있는 방안은 파산 신청 외에는 없었다.

자본금은 자기 자본과 타인 자본으로 나눌 수 있다. 자기 자본은 사업자의 자금이니 조달 비용이 들지 않지만, 타인 자본은 조달 비용이 든다.

창업 초기 기초자산의 산정이 가장 중요하다. 총 소요자금은 사업에 필요한 전체 자금을 뜻한다. 시설자금, 운전자금, 예비자금으로 구성된다. 총 소요자금은 최대한 정확히 계산해야 한다. 소요자금 산출상의 누락분 등을 감안해 총 소요자금 이상을 미리 확보한 후 창업에 들어가는 것이 좋다.

이때 자기자본과 타인자본의 비율은 7:3 정도인 것이 적절하다. 이 비율을 넘어 초기부터 무리하게 대출을 받아서 운영하면 정상적인 경영이 불가능할 수 있다. 초기 투자비의 70%는 자기자본으로 채운 후 사업화 직전까지 정부정책자금을 유치할 수 있도록 하면 이상적이다.

성공적인 창업을 위해서는 사업자금의 확보가 선행되어야 한다.

시설자금은 사업장에 필요한 임대보증금, 권리금, 시설비, 비품, 프랜차이즈 가맹비 등을 위한 돈이다. 제조업의 경우 제품 생산에 필요한 생산설비의 구입비 등도 포함된다.

운전자금은 재료비, 인건비, 사업장 유지비(임대료, 관리비, 통신비, 수선비, 수도광열비 등), 광고 선전비 등을 말한다. 자금 운용을 하다 보면 자금 회전이 되지 않을 수 있으므로 꼼꼼하게 정리해 두는 것이 좋다.

자금계획서 예

구분		내역	금액
자금의 수요	시설자금	– 임차보증금 – 권리금 – 인테리어 공사비 – 기타 시설자금 – 사무실 비품비 – 가맹비	
	운전자금	– 재료비 – 인건비 – 임대료 – 기타 경비(공과금 등) – 지급 이자	
자금의 조달	자기자금	현금, 예금, 퇴직금 등	
	타인자금	정책자금, 은행자금, 기타 자금	

예비자금은 계획 이외에 지출될 수 있는 돈이다. 창업자 중에는 소요자금을 계획하며 예비자금을 반영하지 않는 경우가 많다. 예비자금은 여윳돈이 아니라 예상치 못한 사건이나 질병, 수입이 일시적으로 중단

되거나 줄어드는 등 급하게 돈이 필요한 경우에 대한 대비다.

예비자금은 창업 후 6개월~1년 동안 매출이 저조할 수 있다는 전제로 준비해야 한다. 자금 조달이 원활하지 않다 해도 최소 3개월~6개월치 이상의 예비자금은 준비해야 한다.

예비자금의 산출은 사업장의 규모, 업종 및 아이템의 특성, 사업 준비 상태 등에 따라 다르지만 '시설자금 + 운전자금 × 0.2' 또는 '운전자금 × 6개월' 정도는 준비하는 게 적절하다.

총 소요자금을 산출했다면 자금 운영 원칙과 계획을 수립해야 한다. 월별 자금 집행에 대한 소요 내역을 뽑고 그 외에 마케팅이나 운영비 계획 등도 세워야 한다.

자금 조달은 크게 내부자금과 외부자금으로 나눌 수 있다. 외부자금이라면 자금 조달처의 일정이나 공지를 미리 확인할 필요가 있다. 외부자금은 사업이 부진하거나 실패할 경우 사업자를 부채의 늪에 빠뜨릴 수도 있다. 그런 만큼 명확한 계획이 필요하며 뜻대로 되지 않을 때의 대처 방안에 대해서도 계획을 수립해야 한다.

12. 부실 프랜차이즈 가맹은 시작부터 실패다

자영업사 수가 빠르게 증가하는 가운데 창업시장에서 프랜차이즈 점유율이 높아지고 있다. 매년 100만 명을 넘는 신규 자영업자가 창업시장에 진입하면서 부족한 경험과 경기악화 등에 따른 불안 심리 때문에 프랜차이즈 업종을 선택하는 경우가 많다.

공정거래위원회에 등록된 2019년 기준 가맹사업 통계정보에 따르면 우리나라의 전체 프랜차이즈 가맹본부 수는 5,200여 개에 이른다. 이는 약 3,000개인 미국, 약 1,350개인 일본을 크게 앞서는 규모다. 미국, 일본에 비해 훨씬 적은 인구 수를 감안하면 가히 프랜차이즈 공화국인 것이다. 그만큼 한정된 시장에서 치열하게 싸우고 있는 상황이다.

업종별 프랜차이즈 가맹본부 분류에서는 외식업이 가장 많아서 2019년 기준으로 전체 중 74.6%였으며, 이들의 평균 사업 기간은 4년 7개월에 불과했다.

경기도 고양시 일산동구에서 양꼬치 전문점을 차린 변○○ 대표는 창업 초기부터 문제가 발생됐다. 가맹점 본사로부터 조리, 운영 교육을 받지 못한 것이다. 일주일 동안 가오픈 후 기존 가맹점주에게 인수하게 할 것이라는 본사의 말만 듣고 매장에 가보지도 않았다.

필자가 방문해 보니 가오픈 흔적을 찾을 수 없었다. POS(판매 시점 정보관리시스템)도 데모 버전으로 정상 설치되어 있지 않았고, 주방설비 역시 엉성해 냉장고 문이 열리지 않아 사용이 불가능했다.

오히려 필자가 기본적인 운영 교육을 하고 왔다. 3일 후 변 대표에게서 "식자재 주문을 하려 하는데 본사에서 아무도 응답하지 않습니다. 도와주세요."라며 연락이 왔다. 본사는 식자재 주문용 홈페이지도 없이 영업팀으로만 구성된 유령회사였던 것이다. 결국 변 대표 혼자 고생하며 6개월을 운영하다가 업종 전환을 하고 말았다.

프랜차이즈 운영 능력이 없으면서 특정 품목 등의 인기에 편승해 가맹점을 유치한 뒤 가맹비만 챙기고 사라지는 가맹본부가 많다.

가맹본부의 과장된 창업 성공사례를 믿고 창업했다가 실패하거나 가맹 계약을 잘못해 피해를 보는 프랜차이즈 창업자도 적지 않다.

프랜차이즈 창업은 창업 준비부터 오픈, 운영까지 본사에서 지원하기에 사업 경험이 없어도 본사의 매뉴얼을 활용해 사업장 운영이 가능하다는 것이 큰 장점이다. 또, 지속적인 본사의 제품 개발과 마케팅 지원이 경쟁력이다.

하지만 장점만 있는 것은 아니다. 불리한 조건으로 계약할 경우 손해가 크고, 아이디어나 좋은 의견이 있어도 본사의 기준이 일방적인 경우가 많아서 반영되기 쉽지 않다. 본사의 사세가 약화되거나 실수로 인해 가맹점에 나쁜 영향을 끼칠 수도 있다.

프랜차이즈 브랜드들이 많이 진출해 있는 업종은 경쟁이 심화되면서 폐업률도 높아지고 있는 추세다. 공정거래위원회의 통계에 따르면 한 해 자진 폐업신고하는 프랜차이즈 가맹본부가 1,200여 개나 되는 것으로 나타나 실태를 알 수 있다. 가맹본부부터가 진입장벽이 낮아 이런 일이 반복되고 있다.

아직 가맹점이 없거나 미미한 프랜차이즈라면 더욱 조심해야 한다. 창업 아이템만을 가지고 가맹본부를 설립해 가맹점을 늘렸다가 인기가 식으면 폐업하는 무책임한 회사들이다.

가맹점 관리 시스템조차 갖추지 못한 프랜차이즈도 있다. 부실 가맹본부는 가맹비만 챙긴 뒤 문을 닫는 먹튀 현상을 보인다.

프랜차이즈 본사들이 예상 매출을 부풀려서 가맹점주를 모으거나 특정 물품 구입 강요, 비용 전가 등 갑질을 하는 관행도 여전하다.

우리나라의 프랜차이즈 가맹점 수는 약 20만 개에 달한다. 그러면서 신규 가입도 흔하고 폐업도 흔하다. 통계청의 '서비스업 조사'에 따르면 한 해 가맹 계약을 해지하거나 폐점한 가맹점이 2만 5,000여 개였다. 하루 60여 개를 넘는 가맹점이 폐업하고 그 두 배의 가맹점이 생겨나면서 만든 숫자다.

프랜차이즈에는 '갑을 분쟁'의 대명사라는 오명도 붙어 있다. 호식이두마리치킨 회장은 여직원 성추행 혐의로 경찰에 입건됐고 미스터피자의 MP그룹은 검찰 압수수색을 받게 되면서 회장이 사퇴했다.

그로 인해 호식이두마리치킨의 경우 가맹점 매출이 약 40% 감소한 것으로 알려졌다. 그동안 쌓아온 프랜차이즈의 이미지가 대표의 좋지 않은 사건 한 방에 허물어졌다. 이 일로 죄 없는 가맹점들만 매출이 반토막 나는 피해를 입었다. 또한 일부 치킨 브랜드의 가격 인상 움직임도 부정적 이미지를 확산시켰다.

프랜차이즈 본사와 계약을 맺은 가맹사업자는 독립 점포에 비해 폐업도 어렵다. 계약 조건에 계약 기간과 채무 관계가 얽혀 있기 때문이다. 폐업을 계획하고 있다면 계약 기간을 살펴봐야 한다. 대부분 2년 내지 5년으로 이루어져 있다. 계약 기간을 채우지 못하면 폐업을 하고 싶어도 쉽지 않다. 편의점 점주들이 요구하는 희망 폐업도 같은 맥락이다.

프랜차이즈 창업 시 꼭 챙겨야 할 것들이 있다. 가맹본부는 가맹 희망자에게 정보공개서를 제공하는 것이 의무로 되어 있다.

정보공개서는 가맹본부의 일반 현황, 임원의 법위반 사실, 가맹점 사업자가 부담해야 할 사항 및 영업 활동에 대한 조건, 가맹본부의 가맹점 수 등 가맹사업 현황과 영업 개시에 관한 상세 절차 및 교육훈련 프로그램 등을 기재한 문서다. 법적으로 보장된 것인 만큼 꼭 확인해야 한다.

수익에 대한 근거 없는 고수익 보장은 일단 믿지 않는 게 좋다. 구체적이고 객관적인 자료를 받아야 한다. 예시한 수익이 어떤 가맹점의 경우인지 자료를 서면으로 받아두자. 분쟁 시 유리하다.

프랜차이즈는 물류사업도 겸하고 있는 형태가 대부분이다. 물류 시스템을 안정적으로 갖추고 있는지 확인해야 한다.

가맹점 창업 전에 기존 가맹점 몇 곳도 꼭 방문해 보자. 신규 가맹점에서는 창업 초기의 지원 사항에 대해 문의하고, 개점 1년 이상된 가맹점에서는 운영 과정 중의 불공정행위 및 본사 지원에 대해 확인하는 게 좋다. 또한 애로사항과 사업성, 가맹점의 매출 및 수익률에 대해서도 들어보자. 최대한 안전에 안전을 기해야 한다.

가맹을 결정했다면 계약 기간, 위약금 조항, 상권 보장, 계약 해지 등 가맹계약서를 꼼꼼하게 확인해야 한다.

퍼얼드 전략이다

분쟁 조정 기관

기관명	주요 업무 내용	전화번호
공정거래위원회	약관규제법, 하도급법, 전자상거래소비자보호법 표시, 광고법, 방문판매법, 할부거래법 등	02)2023-4010
한국소비자원	소비자 피해 구제 및 분쟁 조정 등	02)3460-3000
금융감독원	금융거래 관련 피해 구제 및 분쟁 조정	1332
방송통신위원회	방송·통신 서비스 이용과 관련한 피해 및 분쟁 조정	1335
대한상사중재원	상거래 행위 관련 분쟁 조정, 알선 및 각종 중재	02)551-2000
대한법률구조공단	무료법률상담 및 소송 지원	132
전자거래분쟁 조정위원회	전자상거래 관련 분쟁 조정	02)2141-5714

가맹본부가 가맹사업 거래에서 법령을 위반해 고의 또는 과실로 가맹점 사업자에게 손해를 입힌 경우 가맹점 사업자는 가맹본부에 손해배상을 청구할 수 있다.

한국공정거래조정원(https://www.kofair.or.kr)에 설치되어 있는 '가맹사업거래 분쟁조정협의회'에 분쟁 조정을 신청하면 된다. 문제가 발생했다면 법과 제도를 최대한 활용하여 도움을 청하도록 한다.

2장 _ 사업정리
진단은?

사업을 하다 보면 운영 자체에 위기가 느껴져
사업주를 당혹스럽게 하는 경우가 있다.
경영 환경의 변화, 경쟁업체의 등장, 점진적인 매출 하락,
상권의 쇠퇴 등 하나같이 장기적인 악재다.
악재를 뚫어 낼 방안이 보이지 않는다면
그 사업은 영위하기가 어렵다.
사업정리 진단은 사업장의 상황을 정확히 인식하고
위기 상황에 대응하는 것을 목적으로 한다.
진단의 목적은 사업정리에 국한되지 않는다.
잘못된 부분을 수정하여 회생하는 과정이기도 하다.

13. 사업정리는 재활을 목적으로 한다

외환위기를 극복하는 과정에 정부, 기업 등 전 분야에서 추진된 구조
조정은 대량 실직을 유발했고, 일자리를 잃은 사람들은 결국 생계를 위
해 자영업에 뛰어들었다. 외환위기의 충격이 어느 정도 해소되고 소비가
촉진되면서 자영업은 한때 즐거운 비명을 지를 정도로 호황을 누렸다.

하지만 준비 없이 창업시장에 뛰어든 사람들이 급속히 늘어나자 시
장은 과당경쟁 단계에 진입하게 됐고, 그 결과 경쟁력이 없는 영세 자
영업자들은 심각한 경영난을 겪는 상황이 됐다.

사업정리는 운영 중인 사업을 영구적으로 마감, 폐쇄한다는 것을 뜻

한다. 즉, 사업자가 사업을 그만 두는 것, 폐업과 같은 의미다.

하지만 사업정리를 단지 사업 실적이 좋지 않아 정리한다고 생각하는 것은 옳은 해석이 아니다. 사업정리를 하는 이유는 크게 네 가지로 구분할 수 있다.

첫째는 잘되는 사업을 보다 잘할 수 있는 다른 사람에게 양도하는 경우, 둘째는 사업이 잘되어도 다른 곳으로의 확장 이전을 위해 문을 닫는 경우, 셋째는 투자 대비 수익 분석을 통해 가망이 없는 사업을 정리하는 경우, 넷째는 사업이 저조하여 업종 전환을 통해 재출발하려는 경우 등이다.

첫째와 둘째의 경우는 사업자가 투자한 금액에 웃돈으로 권리금을 받을 수 있고 투자 원금을 보전할 수 있어 대부분의 사업가가 원하는 그림이다. 그러나 현실적인 상황은 셋째와 넷째 경우가 대부분이다.

국세청 '2020년 국세통계'에 따르면 2019년 과세당국에 폐업신고를 한 개인 및 법인사업자는 총 92만 2,159명으로 나타났다. 전체 폐업 사업자를 1년(365일)으로 나누면 하루에 2,526명이 폐업한 것이다. 사업정리는 누구의 이야기가 아닌 내 이야기, 내 주변의 이야기가 될 수도 있다.

대부분의 사업정리는 사업 부진으로 인해 발생한다. 창업을 할 때 절차가 있듯 폐업 시에도 절차가 필요하다. 이를 소홀히 처리하거나 방치할 경우 추후 경제적 부담은 물론 재기에도 상당한 곤란을 끼칠 수 있다.

특히 사업정리 시기를 전후한 세무 회계상의 신고를 정확히 해야 한다. 자포자기한 나머지 이런 절차를 잊고 지나는 사람이 많다. 사업장의 손실로 폐업을 하는데 무슨 세금이 나올까 하는 생각에 사후조치

없이 사업을 정리하면 안 된다.

사업자가 생각하는 자금 흐름상의 적자와 세무 회계상의 적자 개념이 다를 수 있기 때문이다. 설령 회계 장부상 적자가 발생했다고 하더라도 부가가치세나 소득세 신고를 반드시 해야 한다.

신고된 회계자료가 없으면 국세청은 사업장에 물품을 납품하던 거래처들이 신고한 거래자료를 토대로 매출을 추정, 추계하여 과세하게 된다. 또, 이를 바탕으로 4대 보험공단에서는 4대 보험을 추징하게 된다.

이런 과정에서 체납이 발생하고, 체납이 일정액 이상이면 금융기관에 신용불량자로 통보되는 등 불이익이 이어지는 경우가 많다. 그런 만큼 아무리 상황이 어렵더라도 사업정리를 결정했을 때는 사후처리 과정에도 주의를 기울여 필요한 행정절차를 거쳐야 한다.

김포시의 신도시 개발과 함께 박○○ 대표는 미용실을 오픈했다. 이전에 다년간 미용실을 운영한 경험으로 도시 개발과 함께 대박의 꿈을 꾸고 입점한 것이다. 박 대표에게서 필자에게 "3개월이 지난 시점인데 고객이 없고 매출이 저조한 상태입니다. 어떻게 해야 할까요?"라는 문의가 왔다. 아파트 단지로만 구성된 신도시는 상권이 더디게 형성된다. 김포시는 서울과 맞닿아 있어 사람들이 서울로 출퇴근하는 경우가 많아 낮 시간에는 유동인구가 적을 수밖에 없다. 아파트 세대수만 보고 도시 활성화 여부를 확인하지 않은 것이 박 대표의 실수였다.

사업장 양도·양수를 권유했다. 시간을 지체한다면 더 큰 손실이 발생할 수 있기 때문이었다. 박 대표도 오랜 사업운영 경험이 있었기에 빨리 이해하고 양도 · 양수를 결정했다.

사업정리도 전략이 필요하다. 사업 실패로 이미 손실을 본 상황에서 사업정리 결정이 늦어 더 큰 손해를 초래하는 경우가 있다. 빠른 사업정리 결정으로 임대보증금이라도 챙겨야 할 터인데, 혹시나 하는 기대 심리에 광고비, 임대료를 내며 사업장을 유지하다가 손실을 키우는 사람들을 종종 본다.

그렇다 해도 사업정리를 결정할 때 혼자만의 섣부른 판단은 곤란하다. 사업정리 전문가 또는 컨설턴트의 사업 진단을 받아보고 결정하는 게 좋다.

경쟁력이 없는 사업장을 정리하게 하고 재창업을 안내하는 사업정리 컨설팅은 창업시장의 한 분야가 되었다. 현재는 각 기관에서 사업정리 관련 프로그램을 만들어 다양한 지원을 해주고 있다.

사업정리 지원을 신청한 소상공인을 위해 관련 전문가 또는 컨설턴트가 직접 사업장을 방문해 경영 상태를 진단하고 사업정리 절차 및 재기를 위한 컨설팅을 진행하고 있다.

이런 전문가를 통해 폐업신고에 필요한 행정절차, 재고 처리, 시설 및 집기 처분, 철거 및 복구에 필요한 공정 견적 산출, 법률 상담, 절세 방법 등을 안내받을 수 있다.

미국의 경제학자 조지프 슘페터(Joseph Alois Schumpeter)는 불황을 건강에 좋은 냉수마찰(cold shower)로 비유하며 기업가의 혁신이 부족해 빚어진 현상이라고 규정했다. 낡은 것이 파괴되고 새로운 것이 탄생하는 '창조적 파괴'를 통해 경기는 불황에서 호황으로 진동한다는 것이다.

진정한 의미의 사업정리 컨설팅은 손실을 최소화할 수 있도록 현실을 토대로 객관적인 분석을 제공하는 게 첫째다. 사업정리가 결정되면 컨설팅 서비스를 통해 사업자의 취업 및 재창업 컨설팅도 받을 수 있다.

14. 문제있는 사업장에 나타나는 이상 징후들

사업장의 이상 징후는 다양하게 나타난다. 창업 3개월에서 6개월 이후 매출이 증가하지 않는다면 이미 문제가 있는 것이다.

통계청의 '창업 후 첫 매출까지 소요 기간' 조사에 다르면, 업종별로 2~6개월이 소요되는 것으로 나타났다. 여기서 첫 매출이라 하면 '이 사업 되겠구나'하는 느낌을 주는 시점이라 하겠다. 또, 고객들에게 사업장이 인지되는 시점이라고도 할 수 있다.

미디어 조사기관 닐슨코리아가 '광고 인지'라는 조사를 한 적이 있다. 이에 따르면 노출 빈도 1~6회는 호기심 인지 구간, 6~11.5회는 광고 이해 구간, 11.5~15.2회는 광고 상기 구간에 해당되는 것으로 나타났다. 광고를 시작한 후 고객이 인지하고 매출과 연결되는데 6회 이상 노출되어야 한다는 것이다.

오프라인의 경우도 다르지 않다. 집에 가는 길에 "언제 저런 가게가 생겼지?"하는 경우가 종종 있다. 매장이 인지되는 데 평균 3~6개월 정도가 걸리기 때문이다. 3~6개월 이후에도 매출이 증가하지 않는다면 고객에게 방문해 보고 싶은 자극을 주지 못했다고 할 수 있다. 이래서는 매출로 이어질 수 없다.

업종 특성에 따라 사업 안정 시기는 최소 3개월에서 길게는 1년 정도가 걸린다. 창업 초기 3~6개월은 지인 등의 방문으로 영업 유지가 가능하다. 하지만 이후가 문제다.

창업 1년 경과 후 매출이 3개월 이상 정체되거나 감소한다면 이상 징후다. 단골고객, 충성고객이 이탈하고 있다는 뜻이다. 고객에게 외면당하고 있는 것으로 대책이 필요하다.

3개월 이상의 임대료가 연체될 경우도 이상 징후다. 연체는 매출이 감소하고 있다는 증거다. 뿐만 아니라 자금 차입이 곤란하고 예비자금도 소진되었다는 얘기다. 임대료 연체는 임대인에게 계약 해지의 사유를 주게 된다.

종업원의 축소도 이상 징후다. 창업 초기에는 전문 인력을 고용했으나 경영이 어려워지자 대체 수단으로 가족을 활용하는 사업장을 종종 본다. 인건비 부담은 감소될 수 있으나 기술적 역량 하락 및 사업의 긴장감을 놓칠 수 있다는 단점이 있다. 가족 인력의 기용 또는 종업원 감축은 폐업을 암시하는 징후다.

경쟁업종의 진입으로 인한 매출 감소, 상권 변화로 인한 매출 감소 등도 이상 징후다.

1	창업 3개월~6개월이 지나도 매출이 증가하지 않거나 감소
2	창업 1년 경과 후 매출이 3개월 이상 정체되거나 감소
3	3개월치 이상의 임대료 연체
4	종업원의 축소
5	경쟁업종의 진입으로 인한 매출 감소
6	상권 변화로 인한 매출 감소

사업자의 20~30%는 1년 안에, 50~60%는 2년 안에, 70~80%는 3년 안에 폐업한다. 업종군별로 차이가 있지만 어떤 업종은 3년 내 폐업률이 거의 90%에 육박한다.

소규모 사업장의 경우 3년을 고비로 한다. 3년 이상이 되면 안정권에 진입했다고 볼 수 있다. 폐업의 전조 현상은 매출의 지속적인 감소 추세다. 손익분기점 이하로 매출이 하락한다면 사업정리를 생각해 봐야 할 것이다.

15. 사업 진단 체크리스트 100

진단 항목은 아이템, 시장성, 수익성, 상권, 리스크, 고객, 직원, 사업지, 마케팅 등의 9가지 부문이다. 부문별 진단 목적과 진단 포인트에 유념해서 진단을 실시한다. 9개 영역의 진단은 진단자의 입장에서 진행하며 객관성이 있어야 한다.

사업장 진단 기초점검 항목

NO	부문	진단 목적	진단 포인트
1	아이템	업종별 아이템 최적화 여부	상품 및 서비스 품질 진단, 대중성, 유행성 진단, 장단점 및 경쟁력 진단
2	시장성	사업 환경의 변화 파악	시장 전망 진단, 시장 확장성 진단
3	수익성	수익성 및 비용 적정성 파악	투자수익률 진단, 매출 증감 및 감소 추이 진단
4	상권	상권 및 입지의 적합성 여부	상권의 변화 추이 진단, 상권 내 업종별 수익성 및 여건 진단
5	리스크	위험 요소 파악	계절, 지역에 따른 변화 진단, 원재료 비용 상승 및 구매 여건 진단, 동종 업종의 진입에 따른 피해 진단, 실패 시 투자금액 회수 가능 여부 진단
6	고객	고객 증가 및 감소 여부	고객만족도 진단, 재구매율 진단
7	종업원	종업원 관리 문제점 파악	종업원 교육 여부 진단, 애사심 진단, 이직률 진단
8	경영자	경영 관리 문제점 파악	경영 마인드 진단, 경영 능력 진단, 사업 관련 전문성 진단
9	마케팅	마케팅 활동 문제점 파악	마케팅 지속성 진단, 마케팅 노출 여부 진단, 마케팅 채널 적정성 진단, 고객 반응 진단

위를 토대로 한 사업정리 진단 체크리스트를 소개한다.

사업정리 진단 체크리스트는 총 100문항의 평가 항목으로 구성되어 있다. 필자가 20여 년간 창업 컨설팅을 진행하면서 진단, 업데이트를 통해 만든 체크리스트다.

체크리스트를 통해 사업 운영의 점검 또는 사업정리를 판단하는 데
도움이 되었으면 하는 바람이다.

NO가 많다는 것은 사업장에 문제가 많이 발생할 수 있다는 것을 의미
하며, 반대로 YES가 많다면 사업장의 안정성이 높다는 것을 의미한다.

안정성이 있다고 반드시 성공을 의미하는 것은 아니다. 지속적으로
관리를 해야 한다. 체크리스트 작성은 절대적으로 객관적인 입장에서
체크해야 한다. 이를 통해 문제점에 대해 보완할 수 있다면 현 사업을
다시 안정적으로 운영할 수도 있을 것이다.

100개의 진단 항목을 모두 기입한 후 YES의 개수를 더해 보자. YES
가 80개 이상이면 안정, 80~40개 사이이면 개선 착수, 40개 미만이면
사업정리를 고려해 봐야 할 것이다.

아이템 진단 체크리스트

NO	진단 항목	평가
1	아이템은 유행에 민감하지 않나요?	□ YES □ NO
2	아이템은 성장 가능성이 있나요?	□ YES □ NO
3	아이템은 유사업체에 비해 경쟁력이 있나요?	□ YES □ NO
4	아이템은 경쟁업체와 차별화가 있나요?	□ YES □ NO
5	아이템은 성격과 적성에 맞나요?	□ YES □ NO
6	이아이템에 대한 경험은 있나요?	□ YES □ NO
7	아이템은 경쟁업체가 적은가요?	□ YES □ NO
8	아이템은 경기에 관계없이 안정성이 있나요?	□ YES □ NO
9	아이템은 수익률이 좋은 편인가요?	□ YES □ NO
10	아이템은 신메뉴, 신상품 확장성이 있나요?	□ YES □ NO

폐업도 전략이다

NO	진단 항목	평가
11	아이템은 고객에게 가치를 제공하나요?	▢ YES ▢ NO
12	아이템은 대중적인가요?	▢ YES ▢ NO
평가 점수	YES: ( ) 항목 NO: ( ) 항목	

아이템은 창업자가 고객에게 제공하는 제품 및 서비스다. 잘못된 아이템 선정은 결국 문제를 야기한다. 유행과 관계없이 최소 5년 이상 지속적으로 성장할 수 있는 아이템을 선정해야 한다.

시장성 진단 체크리스트

NO	진단 항목	평가
13	고객이 원하는 상품인가요?	▢ YES ▢ NO
14	시장이 성숙기인가요?	▢ YES ▢ NO
15	성장 가능성은 높은가요?	▢ YES ▢ NO
16	판매가 용이하고 가성비가 높나요?	▢ YES ▢ NO
17	시장의 수요가 증가하고 있나요?	▢ YES ▢ NO
18	향후 10년 이상 유지가 가능한가요?	▢ YES ▢ NO
19	계획한 기간 내에 손익분기점에 도달하나요?	▢ YES ▢ NO
20	진입장벽을 가지고 있나요?	▢ YES ▢ NO
21	잠재고객이 있나요?	▢ YES ▢ NO
22	과당 경쟁을 피할 수 있나요?	▢ YES ▢ NO
평가 점수	YES: ( ) 항목 NO: ( ) 항목	

시장성은 판매를 예측해 아이템의 성공 여부를 가늠할 수 있는 잣대다. 정확한 목표 고객이 설정되어야 한다. 시장성을 조사할 때는 목표와 수준에 맞게 적절한 범위 내에서 이루어져야 한다.

수익성 진단 체크리스트

NO	진단 항목	평가
23	투자비에 비해 수익은 양호한가요?	□ YES □ NO
24	현재 수익에 만족하고 있나요?	□ YES □ NO
25	매출은 기대한 만큼 증가하고 있나요?	□ YES □ NO
26	매출은 안정적인가요?	□ YES □ NO
27	판매 상품의 효율성은 높은가요?	□ YES □ NO
28	매출 부진에 대비할 보조 상품은 있나요?	□ YES □ NO
29	서비스 상품 가격이 고객에게 매력적인가요?	□ YES □ NO
30	원가절감 활동을 하고 있나요?	□ YES □ NO
31	비수기에 대한 대비는 되어 있나요?	□ YES □ NO
32	매출이 감소한다면 원인은 알고 있나요?	□ YES □ NO
평가 점수	YES: ( ) 항목 NO: ( ) 항목	

수익성은 중요한 부분이다. 판매를 많이 해도 수익이 낮으면 실패로 이어질 수밖에 없기 때문이다. 사업주는 안정적인 수익이 발생할 수 있도록 점검해야 할 것이다.

NO	진단 항목	평가
33	임대료 상승의 위험은 없나요?	▢ YES ▢ NO
34	고객 접근성이 좋은가요?	▢ YES ▢ NO
35	가시성이 좋은가요?	▢ YES ▢ NO
36	점포까지의 동선은 편리한가요?	▢ YES ▢ NO
37	건물 사방에서 간판이 잘 보이나요?	▢ YES ▢ NO
38	주차장 공간은 확보되어 있나요?	▢ YES ▢ NO
39	주변 상권 내 동업종 폐업은 없나요?	▢ YES ▢ NO
40	상권은 활성화되어 있나요?	▢ YES ▢ NO
41	주변 상권이 발전할 가능성은 있나요?	▢ YES ▢ NO
42	상권 약화로 유동인구의 감소는 없나요?	▢ YES ▢ NO
평가 점수	YES: ( ) 항목 NO: ( ) 항목	

점포 창업 시 상권은 중요한 요소다. 사업 성패의 50%를 차지한다고 해도 과언이 아니다. 점포의 위치를 다시 점검해 봐야 할 것이다.

리스크 진단 체크리스트

NO	진단 항목	평가
43	불황 시 극복 능력은 있나요?	▢ YES ▢ NO
44	변화에 쉽게 대처할 수 있나요?	▢ YES ▢ NO
45	제품(상품)의 원재료비 상승 위험은 없나요?	▢ YES ▢ NO
46	제품(상품)의 단종 가능성은 없나요?	▢ YES ▢ NO
47	제품(상품)의 원재료 구매는 안정적인가요?	▢ YES ▢ NO
48	실패 시 투자금액 회수는 가능한가요?	▢ YES ▢ NO

NO	진단 항목	평가
49	대형 업체에 의한 시장 위협은 없나요?	▢ YES ▢ NO
50	재고 상품의 회전 기간은 빠른가요?	▢ YES ▢ NO
51	취급 과정에서 파손, 변질 위험은 없나요?	▢ YES ▢ NO
52	예비비 보유 여력은 있나요?	▢ YES ▢ NO
평가 점수	YES: ( ) 항목 NO: ( ) 항목	

리스크는 언제든지 발생할 수 있다. 리스크 관리를 통해 사업장의 위기를 극복해야할 것이다.

고객 진단 체크리스트

NO	진단 항목	평가
53	고객의 만족도는 높은가요?	▢ YES ▢ NO
54	고객의 재구매는 이루어지나요?	▢ YES ▢ NO
55	단골고객이 증가하고 있나요?	▢ YES ▢ NO
56	신규고객이 증가하고 있나요?	▢ YES ▢ NO
57	핵심고객은 있나요?	▢ YES ▢ NO
58	적절한 서비스를 제공해 주고 있나요?	▢ YES ▢ NO
59	고객 편의를 위해 노력하고 있나요?	▢ YES ▢ NO
60	고객과의 소통은 원활한가요?	▢ YES ▢ NO
61	고객 관리 시스템은 운영하고 있나요?	▢ YES ▢ NO
62	불만에 대해 신속하게 대응하고 있나요?	▢ YES ▢ NO
평가 점수	YES: ( ) 항목 NO: ( ) 항목	

고객이 없다면 실패할 수밖에 없다. 고객의 만족은 중요한 부분이다. 사업장에서는 고객 관리를 위해 꾸준히 노력해야 할 것이다.

종업원 진단 체크리스트

NO	진단 항목	평가
63	직원 관리에 문제는 없나요?	☐ YES ☐ NO
64	직원 교육은 충분한가요?	☐ YES ☐ NO
65	직원의 평균 근무 기간이 1년 이상인가요?	☐ YES ☐ NO
66	점포를 함께 이끌어 갈 핵심직원은 있나요?	☐ YES ☐ NO
67	직원들은 업무에 만족하나요?	☐ YES ☐ NO
68	직원들은 자기계발을 하고 있나요?	☐ YES ☐ NO
69	직원들은 고객들에게 잘 응대하고 있나요?	☐ YES ☐ NO
70	특정 직원에 대한 의존도가 높지 않나요?	☐ YES ☐ NO
71	인건비 상승의 위험은 없나요?	☐ YES ☐ NO
72	직원에 대한 고객 만족도는 높은가요?	☐ YES ☐ NO
평가 점수	YES: ( ) 항목 NO: ( ) 항목	

종업원은 사업 확장 및 수익 극대화를 위해 필요하며, 사업을 함께 운영하는 동반자다. 종업원 관리는 사업장의 성패를 좌우할 수 있다.

경영자 진단 체크리스트

NO	진단 항목	평가
73	사업계획서는 탄탄했나요?	☐ YES ☐ NO
74	사업에 대한 목표는 설정되어 있나요?	☐ YES ☐ NO
75	시장조사는 충분히 했나요?	☐ YES ☐ NO

Part 1. 망인 없는 사업 실패는 없다

NO	진단 항목	평가
76	아이템에 대해 전문성 및 지식은 있나요?	☐ YES ☐ NO
77	사업에 대해 경험은 있나요?	☐ YES ☐ NO
78	사업은 적성에 맞나요?	☐ YES ☐ NO
79	즐겁게 일할 수 있는 업종인가요?	☐ YES ☐ NO
80	가족들이 동의하고 있나요?	☐ YES ☐ NO
81	사업 운영자금 확보에 어려움은 없나요?	☐ YES ☐ NO
82	사업 확장에 따른 자금 조달은 가능한가요?	☐ YES ☐ NO
83	경영적 자기계발을 꾸준히 하고 있나요?	☐ YES ☐ NO
84	대출 또는 금융비가 과다하지는 않나요?	☐ YES ☐ NO
85	법규 또는 행정적인 문제점은 없나요?	☐ YES ☐ NO
86	서비스 매뉴얼은 준비되어 있나요?	☐ YES ☐ NO
87	서비스 강화를 위한 노력은 하고 있나요?	☐ YES ☐ NO

평가 점수	YES: (　　) 항목　　NO: (　　) 항목

경영자의 생각과 판단, 행동은 사업장의 운명과 직결된다. 경영자는 경제적인 성과를 창출하며 사업장의 안전을 도모해야 한다.

마케팅 진단 체크리스트

NO	진단 항목	평가
88	판촉 전략은 수립되어 있나요?	☐ YES ☐ NO
89	판로 확보 및 개척에 어려움은 없나요?	☐ YES ☐ NO
90	경쟁 우위 차별화를 위한 전략은 수립했나요?	☐ YES ☐ NO
91	지속적으로 마케팅은 이루어지고 있나요?	☐ YES ☐ NO
92	다양한 홍보채널을 운영하고 있나요?	☐ YES ☐ NO

NO	진단 항목	평가
93	비용 대비 효율적인 홍보를 하고 있나요?	□ YES □ NO
94	아이템에 대한 키워드는 준비해 두었나요?	□ YES □ NO
95	검색엔진에서 원활히 노출되고 있나요?	□ YES □ NO
96	매장 내 이벤트를 진행하고 있나요?	□ YES □ NO
97	마케팅 분석은 정기적으로 하고 있나요?	□ YES □ NO
98	새로운 마케팅에 대해 시도해 보고 있나요?	□ YES □ NO
99	판촉자료는 항상 몸에 지니고 있나요?	□ YES □ NO
100	마케팅을 통해 고객이 증가하고 있나요?	□ YES □ NO
평가 점수	YES: ( ) 항목 NO: ( ) 항목	

마케팅 관리자 서베이(CMO Survey)에 따르면 미국 기업들은 마케팅 예산을 꾸준히 늘리고 있으며 매출의 10~11%를 마케팅에 투자한다고 한다. 마케팅은 선택이 아닌 필수다.

현재 사업에서 폐업이 최선의 선택인가 다시 한 번 고민하고 컨설턴트를 통해 운영 중인 사업을 면밀히 분석해 보자. 내부적인 회생 가능성도 있기 때문이다. 잘못된 폐업 결정은 돌이킬 수 없다.

사업정리를 결정하면 심리적, 시간적 여유를 가지는 것도 중요하다. 매너리즘에 빠지거나 조급하면 재취업, 재창업에 어려움을 겪을 수 있다.

사업정리는 또 다른 시작을 위한 출발점이다. 새로운 도전을 위한 대응책을 마련하면서 폐업을 하게 된 근본적인 원인을 파악해야 재창업에 도움이 될 수 있다.

폐업은 손실로 연결될 수밖에 없다. 현재 회수 가능한 자산 가치를 냉정히 평가해 손실을 줄여야 한다.

사업에 나선 그 누구도 실패를 원하지 않는다. 장밋빛 미래를 가지고 시작한다. 그럼에도 실패를 이야기하는 이유는 재창업을 해도 실패 원인을 알고 해야 성공 가능성을 높일 수 있기 때문이다. 성공은 눈에 보이지 않는 남모를 피와 땀의 보상이다. 스스로 객관적인 판단을 할 수 없다면 전문가의 도움을 받는 것이 좋다. 모든 가능성을 충분히 검토해야 할 것이다.

사업정리 시의 문제는 상당수의 사업자가
미처 준비를 하지 못한 채 실행에 들어간다
는 것이다. 창업 관련 정보는 다양한 매체
를 통해 쉽게 찾을 수 있지만 사업정리를
어떻게 해야 하는지 알려주는 곳이나 정보
는 못 들어봤다는 사업자가 많다.

창업과 마찬가지로 사업정리에도 절차가
있다. 1상부터 7장까지 순서별로 정리했
다. 절차에 맞춰 진행하면서 손실을 최소
화하게 하는 것이 이 장의 목적이다.

Part 2

사업정리에도
절차가 있다

1장 _ 양도 · 양수

양도는 권리나 재산, 법률상 지위 따위를 타인에게
넘겨주는 것을, 양수는 타인의 권리,
재산 및 법률상의 지위를 넘겨받는 것을 말한다.
양도 · 양수를 합해서 쓰는 말인 포괄양수도는
차기 임차인에게 사업에 관한 모든 권리와 의무까지
포괄적으로 승계하는 것을 의미한다.
이 가운데 미수금, 미지급금은 제외한다.
폐업 시 양도 · 양수는 권리금 등을 통해
손실을 줄일 수 있는 가장 효율적인 방법이다..

16. 다양한 채널을 활용한다

KBIZ 중소기업중앙회는 2019년 '소상공인 경영실태 및 정책과제 조사'를 통해 조사 대상의 33.6%가 사업 전환이나 휴 · 폐업을 고려한 사실이 있다고 밝혔다. 그런데 63.1%의 사업자가 매수자가 없어서 폐업을 하지 못한 것으로 나타났다. 그만큼 양수인 확보가 쉽지 않다는 얘기다.

양도 · 양수는 거래 실적이 좋은 공인중개사 및 생활정보지, 온 · 오프라인 채널을 통해 적극적으로 양수인을 확보해 사업장 인계 일자를 단축시켜 손해를 최소화해야 한다.

일반적이라면 상가 매매가 전문인 공인중개사를 이용하는 것이다. 공인중개사를 이용할 때는 사업장에서 일정 거리 이상 떨어진 공인중개 사무소에 매물을 내놓자. 인근의 공인중개사인 경우 자칫 사업장에 대한 부정적인 소문을 생성시켜 매출이 감소하거나 권리금이 하락할 수도 있다. 권리금을 일부 손해보더라도 사업장을 빨리 팔아야 한다면 가까운 공인중개사를 이용하는 것도 괜찮겠지만.

상권과 입지가 좋은 매물(사업장)은 공인중개사 사무실 1~3군데 이상 내놓지 않는 게 적절하다. 너무 많은 곳에 내놓으면 급매물로 소문나서 양수인 확보에 어려움이 생길 수 있다.

경기도 성남시에서 식당을 운영했던 이○○ 대표는 폐업 날짜를 잡아 놓고 양수인 확보를 위해 하루하루 기다리고 있었다. 하루는 필자에게 속상한 어투로 전화를 걸어 왔다. "매장을 보러 온 사람이 있었는데 공인중개 사무소에서 이달 말에 폐업해 나가니 그때 오면 권리금 없이 들어갈 수 있다."라고 이야기해 양수인을 놓쳤다는 것이다.

임대인이 신규 임차인 확보를 위해 매장에서 가까운 공인중개 사무소에 폐업 날짜를 이야기한 게 화근이었다. 이 대표는 결국 권리금을 전혀 받지 못한 상태로 폐업하게 되었다. 대수롭지 않게 생각한 일이 손실을 낳은 것이다.

부동산 매매 사이트에 매물 등록을 할 때는 현장을 방문하지 않고도 확인할 수 있도록 사업장의 실내외 및 시설과 관련한 사진, 또 건물 도면, 주변 상권 사진 등을 첨부하는 것이 좋다. 점포 매물 내역서도 미리 작성해 두면 양수인을 만날 때 설명에 도움이 된다.

부동산 매매 사이트에 올릴 때 공간 제한을 받지 않는다면 면적, 층수, 권리금, 외부 이용 가능 공간, 주차 여부, 교통편의, 유동인구, 현재 운영 중인 업종 등 양수인에게 정보가 될 사업장의 특성도 같이 넣자. 전화 한 번이라도 더 받을 수 있다.

매물 내역서 작성 예

구분	매물 내역서
주소	서울시 강남구 역삼동
위치	강남역, 역삼역 도보 가능(3분 거리)
용도	제2종 근린생활시설
준공년월	2018년 1월
총 층 및 해당 층	B2~15F, 1층
계약 면적	59.50㎡(18평)
전용 면적	49.58㎡(15평)
임대료	보증금 5,000만 원 / 월임대료 200만 원 권리금 2,500만 원 / 관리비 30만 원
특징	점심식사 수요 많음, 대중시설 이용 편리, 왕복 4차선 도로 코너에 위치, 주차 가능

거리에 비치되는 생활정보지를 이용할 때는 '부동산 매물 또는 부동산 직거래' 코너에 2주 간격으로 게재해 반응을 보도록 한다. 생활정보지는 신문광고와 유사한 효과를 낸다.

폐업도 전략이다

한국신문협회가 실시한 신문광고 조사 연구에 따르면, 독자들이 광고를 가장 많이 접하는 요일은 화요일이고 목요일의 신문광고가 노출 비율이 가장 낮은 것으로 나타났다. 또, 토요일자 광고 노출 비율이 화요일에 이어 두 번째 높은 것으로 집계됐다.

그렇다면 화요일 또는 토요일에 광고를 내는 게 효과적일 것 같다.

생활정보지

생활정보지	홈페이지	문의처
벼룩시장	https://www.findall.co.kr	1577-6666
교차로	https://www.icross.co.kr	1666-1237
동네방네소식	https://www.d4b4.co.kr	053-269-3300
나눔터	https://www.inanum.com	055-742-6060
사랑방	https://www.sarangbang.com	062-510-1000

좋은 상권에 있는 점포라면 단기간에 매수자가 나타날 수 있지만 보통은 거래가 이루어지기까지 평균 3개월 정도의 시간이 소요된다.

그런 만큼 여유를 가지고 양수인을 찾겠다고 생각하는 것이 좋다. 조급함은 독이 될 수 있다. 사업장을 매매할 때는 기다리는 전략도 필요하다.

17. 컨설팅 사기에 주의한다

사업장 매매 광고로 내면 창업 컨설팅 업체(또는 창업 컨설턴트)라면

서 도움을 주겠다는 사람들이 있다. 그 과정에 선금 또는 계약금을 요구하기도 한다. 부동산 매매를 대상으로 하는 사기의 위험이 있으므로 주의해야 한다. 일명 '기획부동산'으로 사업장을 빠르게 매매하고 싶은 사업자의 심리를 이용해 접근한다.

매물은 부동산 컨설턴트가 아닌 공인중개사 사무소에 직접 의뢰하는 게 기본이다. 공인중개사법 제18조 제1항에 '개업 공인중개사는 그 사무소의 명칭에 공인중개사 사무소 또는 부동산중개라는 문자를 사용하여야 한다.'라고 규정하고 있다. 개업 공인중개사가 아닌 자는 이와 유사한 명칭을 사용할 수 없다.

네이버 등 각 포털 또는 검색 사이트에서 창업 컨설턴트를 검색하면 부동산 관련 광고업체가 많다는 것을 확인할 수 있다. 해당 사이트 하단에 보면 '정보의 정확성이나 안정성을 보장할 수 없습니다.'라고 표기되어 있는 것을 볼 수 있다.

용인시 처인구의 김○○ 대표는 낭패에 빠졌다. 폐업 3개월 전부터 인터넷을 통해 매물을 올렸는데, 그 과정에 빠르게 매물 처리를 해주겠다는 컨설팅 업체의 말을 믿고 원활한 양도 · 양수를 위해 컨설팅 비용 300만 원을 지급했다. 하지만 6개월 동안 진척된 상황이 없었다. 컨설팅 담당자는 1개월 이내 양도 · 양수를 약속했으나 현재는 퇴사했다면서 연락 또한 단절됐다.

컨설팅 회사에서 자체적으로 운영하는 부동산 홈페이지에 매물을 올린 상태로 양도 · 양수를 위한 활동을 전혀 안한 것은 아니다. 활동을 하였기에 법적인 조치도 할 수 없는 상황이 됐다. 김 대표는 결국 비용 손실을 본 것이다.

사기 수법을 보면 광고비 편취 유형이 많다. 1회 광고비를 내면 점포가 양도될 때까지 무료로 광고를 내주겠다는 달콤한 유혹이 그것이다.

또한 부동산 감정을 통해 권리금을 더 받게 해주겠다면서 수백만 원에 이르는 감정평가비와 수수료를 요구하기도 한다. 처음엔 영업사원들을 시켜 점포 매매가 이뤄지는 것처럼 문의를 한다. 전화상으로 점포 문의를 1~3차례 정도 이뤄지게 한 후 연락 단절과 함께 잠적하는 것이 특징이다. 이 외에도 수법이 다양하니 조심해야 한다.

사업장을 급하게 매매하고 싶은 사람들에게 매물을 빨리 처리해 주겠다면서 접근해 계약금을 받고 사라지는 사기가 비일비재하다. 또, 권리금까지 얹어 주겠다고 말한 뒤 몇 가지 서류가 필요하다면서 서류 발행 수수료를 갈취하고 사라지는 사례도 많다.

이런 유형의 사기는 한때 사회문제가 될 정도로 기승을 부렸다. 받으려는 권리금을 감안하면 100~300만 원 안팎의 광고비가 큰돈이 아니기에 광고비를 주고 나면 사기 컨설턴트는 연락을 끊고 종적을 감춘다. 인터넷에 올라 있는 업체라고 해서 무작정 신뢰하면 안 될 것이다.

공인중개사를 이용하다가 권리와 물건상 손해를 입게 되면 손해배상청구를 통해 배상을 받을 수 있다. 하지만 직거래 매물은 민·형사 소송을 거쳐야 하기 때문에 시간적 손실이 크게 발생할 수 있다.

정상적인 창업 컨설팅회사는 사업장을 찾아가 매매를 유도하거나 양수인 유치를 위한 광고비를 요구하지 않는다. 필자에게도 매물 관련 문의가 오지만 직접 관여하지는 않고 주변 공인중개사 사무실 이용을 권장하고 있다.

사업장 매매 이전에 수수료 등을 먼저 요구한다면 일단 의심해 봐야 한다. 양도·양수의 경우 후불로 계약과 함께 처리되기에 선금을 요구한다면 문제가 발생할 수 있다.

피해를 입지 않으려면 스스로 자신을 지킬 수밖에 없다. 점포 매매와 관련해 100% 문제없이 처리해 주겠다는 이야기가 나오면 주의해야 한다. 어떤 일이든 100%는 존재할 수 없기 때문이다. 사업이 안 돼 궁지에 처해 있는 사업주를 현혹하는 속삭임일 뿐이다.

18. 사업장을 방치하면 안 된다

사업을 정리하기로 했다고 사업장을 방치하면 안 된다. 폐업을 결심하고 나면 흔히 점포에 소홀해지는 경우가 많다. 사업장 문을 닫고 양수인을 확보하려는 사업주도 있다. 이는 손실이 될 수 있다.

성남시 분당구에 위치한 ○○곱창 전문점은 양수인 확보를 위해 가게를 매물로 내놓있다. 하시만 1년 동안 몇 차례 문의는 있었으나 거래가 이루어지지 않았다.

필자가 방문해 점검한 결과 거래가 지지부진한 데는 사업장을 방치한 이유도 커 보였다. 5년 이상 운영하다 보니 실내 벽이 파손되어 구멍이 생기고 기름때가 낀 한쪽 문은 열리지도 않았다. 사업장 앞은 망가진 의탁자 등을 쌓아 두어서 너절해 보였다.

계약 진행 과정에서 양수인이 계약을 파기하는가 하면 쓰레기장 같은 곳에 권리금 등의 비용을 지불하려는 양수인도 없었다. 매매에 거듭 실패하자 종내는 인테리어를 보수하고 쓰레기를 처리한 뒤 업종 전환을 했다.

힘들더라도 사업장을 방치하기보다는 운영하면서 청소 및 기본 보수 작업을 통해 점포의 가치를 유지하고 있어야 한다.

청결하지 않은 사업장은 권리금의 손실을 가져오고, 양수인 확보에도 지장을 초래한다. 양수인은 보편적으로 청결한 사업장에 입점하길 원한다.

창업에 선수인 사람들은 수익의 일부를 주기적으로 보수에 투자한다. 인테리어 및 시설을 재활용할 수 있어야 권리금 협의에 유리하기 때문이다.

또한 사업장 문을 닫으면 양수인에게 장사가 안 되는 점포로 인식되기 십상이다. 이런 상태로는 권리금을 희망하는 만큼 받을 수 없고 양수인 확보에도 어려움을 겪게 된다. 양수인이 결정되기 전까지 사업장을 정상적으로 유지하는 전략이 필요하다.

사업장의 가치를 양수인에게 보여줄 수 있는 자료를 미리 준비해 두는 것도 성의 있는 태도다. 양도할 매장에 대한 임대차계약서, 사업자등록증, 부가가치세 표준증명원, 매장의 지출과 매출(카드, 현금)에 대한 자료, 기물과 재료 구입 등의 정보가 그런 것들이다.

부가가치세 표준증명원은 사업자가 특정 기간에 신고한 부가가치세 매출 과세 표준과 납부한 세액을 증명하는 서류다. 매출액을 확인하는 용도로 사용된다.

매출은 최소 1년치를 기준으로 하며, 창업 초기부터의 매출자료를 전부 준비하는 것이 좋다. 최근 3개월 이내의 매출 현황도 별도로 준비하자. 매출 내역은 권리금을 산정하는 기본자료로 중요하다.

또 하나, 양수인에게 권리금을 높여서 받을 욕심에 매출을 속이는 사업자가 있는데 이는 온당치 못한 생각이다. 양수 희망자가 언제 방문할지 모른다. 합당한 권리금을 받고 매매할 수 있는 기회도 많지 않다.

매매의 기회가 주어지면 적극적인 자세로 임해야 한다. 욕심을 버리고 기다려야 할 것이다.

19. 중개수수료는 기준 요율이 있다

공인중개사를 통해 사업장을 매매할 때 종종 중개수수료에 대한 분쟁이 일어난다. 예상했던 금액보다 중개수수료가 많다고 생각하기 때문이다.

일부 공인중개 사무소에서 법정 중개수수료를 초과하는 청구 사례가 있고, 중개사가 현금영수증 발급을 거부해서 문제가 발생하기도 한다. 또, 거래가 중간에 불발되었음에도 불구하고 중개수수료를 내야 하는지에 대한 분쟁이 발생하기도 한다.

폐업도 전략이다

기본 중개수수료는 정해져 있다. 현행 법정 수수료율은 매매나 교환 0.15~0.9% 이내, 임대차 계약 0.15%~0.8% 이내로 차등 적용하도록 규정되어 있다. 적용 지역은 서울, 인천, 경기, 강원, 경북, 대구, 대전 등 이다.

중개업자는 공인중개사 등록증 및 중개수수료 요율표를 공인중개 사무소에 게시하도록 되어 있으니 확인해도 된다. 다만, 위에서 보듯 중개수수료의 범위가 유동적이어서 애초부터 요율에 문제 소지가 있 다. 중개 사무소와의 협의를 통해 해결하는 것이 무난하다.

주택 외(토지, 상가 등) 거래 때의 상한 요율은 0.9% 이내에서 중개 의 뢰인과 공인중개사가 협의하여 결정한다.

공인중개사의 중개수수료 한도는 '거래 금액 × 상한 요율'로 계산한다.

공인중개사협회에서는 상한 요율을 0.9%로 하고 있으며 협의에 의 해 0.5% 또는 0.7%가 중개수수료로 책정될 수 있다. 실거래 경우 0.7% 정도가 적합하다.

중개수수료 계산식은 '거래 금액 × 요율'이다. 거래 금액은 월세까 지 포함한 환산보증금을 기준으로 하는데, 환산보증금은 '보증금 + (월 세 × 100)'으로 계산한다.

다만, 중개수수료 계산은 환산보증금이 5,000만 원 미만인 경우 임차 인에게 조금 유리한 방식으로 규정되어 있다.

공인중개사법 제20조 5항 1호에는 '합산한 금액이 5,000만 원 미만인 경우에는 본문의 규정에 불구하고 월 단위의 임대료에 70을 곱한 금액 과 보증금을 합산한 금액을 거래 금액으로 한다.'라고 규정하고 있다.

예를 들어 보증금 300만 원에 월세 20만 원인 경우 일반적인 환산보증금이 2,300만 원인데 다음처럼 월세에 70을 곱한 액수로 환산보증금을 정정해 중계 수수료를 정한다. [300만 원 + (20만 원 × 70)] × 0.9% = 15만 3,000원.

하지만 보증금 5,000만 원에 월세 120만 원인 경우는 환산보증금이 5,000만 원을 초과하므로, [5,000만 원 + (120만 원 × 100)] × 0.9% = 153만 원이 중개수수료다.

계산이 어렵다면 인터넷에 나와 있는 부동산 중개수수료 계산기를 이용하면 편리하다. 필자가 본 몇몇 공인중개 사무소는 권리금을 내렸다는 조건으로 한도액보다 높은 중개수수료를 요구하기도 했다.

양도·양수 절차는 권리 양도·양수계약서 작성 및 계약금 10% 수령, 임대차계약서 작성, 중도금 수령, 잔금 수령으로 마무리된다. 계약을 위한 준비로는 권리 양도·양수계약서 2부, 도장, 신분증 사본, 통장 사본이 필요하다.

공인중개사법 제33조에 '사례·증여 그 밖의 어떠한 명목으로도 제32조에 따른 보수 또는 실비를 초과하여 금품을 받는 행위'를 금지하고 있다. 중개수수료 요율표를 초과하는 금액은 지불할 필요가 없다.

중개수수료를 지급할 때는 현금영수증을 받도록 한다. 이때 부가세의 포함 여부도 징확히 명시되어야 한다. 공인중개 사무소는 사업 실적에 따라 일반과세자와 간이과세자로 구분되는데, 이 부분이 중개수수료의 부가세에 혼선을 줄 수 있다.

일반과세자인 중개사가 부가세 10%를 추가로 요구할 수도 있다. 하

빨대든 천공이다

지만 간이과세자인 경우는 10%의 부가세를 요구할 수 없다. 부가세 포함인지 아닌지 사전에 확실히 해두는 게 좋다. 가능하면 문자메시지나 음성녹음 등 증거를 남겨 두자. 만약 현금영수증 처리를 안 해줄 경우 국세청에 신고하면 포상금을 받을 수 있다. 포상금은 해당 중개수수료의 20%다.

법에서는 정확히 몇 %라는 기준이 없고, 0.9% 이내로 표기하고 있다. 계약 초기부터 공인중개사와 서로 요율을 협의하는 것이 분쟁을 없애는 방법 중 하나일 것이다.

종전의 중개대상물 확인설명서에는 '중개보수'와 '실비', 이를 합한 '계'를 적도록 했다. 국토교통부가 2020년 개정한 중개대상물 확인설명서에는 '중개보수 상한'과 '협의된 중개보수'(임대인·임차인), '지급시기'를 명시하도록 하고 있다.

공인중개사는 부동산계약서 작성 단계에서부터 계약자와 중개수수료를 협의하고 도장 날인을 받아야 한다. 중개수수료를 계약서 작성 단계에서 계약자에게 정확하게 설명하고 확정해야 하는 의무가 생긴 것이다.

한국감정원에 설치된 '부동산거래질서 교란행위 신고센터'에서는 중개업자의 불성실 설명 등 다양한 부당행위에 대한 신고를 받는다. 중개대상물을 제대로 설명하지 않거나 그에 대한 자료를 제시하지 않으면 과태료 500만 원, 계약자에게 설명만 하고 자료를 주지 않거나 자료는 제시했어도 설명을 부실하게 하면 과태료 각 250만 원이 부과된다.

2장 _ 종업원

소상공인연합회가 회원 532명을 대상으로 설문조사한 결과,
소상공인들은 최저임금 상승으로 경영 환경이 악화되면
34.8%가 1인 또는 가족 경영으로 전환하겠다고 답했다.
이어서 종업원 감축 29.4% 〉 폐업 19% 순으로
대책을 강구하는 것으로 나타났다.
응답자의 83.2%가 수세적으로 대응하겠다는 답변이다.
사업장을 운영할 때 직원의 퇴직 처리는
가장 민감하게 생각하고 깨끗하게 해결해야 할 부분 중 하나다.
퇴직 처리와 임금 정산의 문제, 부당해고 등으로
송사에 휘말리면 페널티가 생겨서
재창업에 지장을 초래할 수 있기 때문이다.

20. 직원 해고는 규정에 따라야 한다

해고는 직원의 의사와 상관없이 사업주의 판단에 의해 근로관계가
종료되는 것을 말한다. 이때 직원에 대한 '해고예고'라는 법적 규정이
있다. 이는 상시 근로자 5인 미만의 사업장에도 적용되는 규정이다.

갑자기 직장을 잃게 되는 근로자에게 새로운 직장을 구할 수 있는 시
간적 · 경제적 여유를 주려는 것이 목적이기 때문이다.

상시 근로자란 사업주가 고용한 모든 근로자로 정규직, 일용직, 임시
직, 상용직 등이 모두 포함된다.

상시 근로자 수는 '산정 기간 동안 사용한 근로자 연인원 수 ÷ 일정

폐업도 전략이다

사업 기간 중의 영업일 수'로 계산한다. 예를 들어 아래의 표와 같이 영업일 수가 6일이고 같은 기간 연인원이 25명이었다면 상시 근로자는 4.17명(25 ÷ 6)이어서 5인 미만 사업장이 된다.

상시 근로자 계산 예

월요일	화요일	수요일	목요일	금요일	토요일	일요일
3명	3명	3명	4명	6명	6명	휴무

근로기준법 제11조 1항에서 '(해고예고는) 상시 5명 이상의 근로자를 사용하는 모든 사업 또는 사업장에 적용되고, 원칙적으로 상시 4명 이하의 근로자를 사용하는 곳에는 적용이 되지 않는다. 다만 법에서 정한 일부 규정은 적용이 된다.'라고 규정하고 있다.

사업장에서 사업주를 포함한 근로자 수가 계속적으로 5명 또는 5명을 넘는 경우 5인 이상 사업장으로 근로기준법이 적용된다.

사업주가 폐업을 결정했다면 해고 30일 전에 직원들에게 예고해야 한다. 만약 30일 이전에 해고예고를 하지 않았다면 30일분 이상의 통상임금을 해고예고수당으로 근로자에게 지급해야 한다.

부산에서 음식점을 운영하는 김○○ 대표에게서 연락이 왔다. 직원을 고용했는데 생각보다 일을 못해 3개월 만에 해고했다는 것이다. 근무날짜를 지정해 놓으면 당사자들끼리의 합의가 되어 권고사직이 되지만 일방적으로 그만 나오라고 말한다면 해고 사유에 해당된다.

근로 또는 수습 기간을 3개월 이내로 명시해 근로계약서를 작성한 뒤 해고하거나 해고예고 30일의 기간을 부여하고 해고해야 한다. 해고예고를 제대로 했는지 입증할 책임은 고용주가 지게 된다. 실제로 영세 자영업자들이 근로계약서를 작성하지 않아서 일용직임을 입증하지 못해 해고예고수당을 지급하는 경우가 빈번하게 발생하고 있다. 근로계약서를 작성하지 않은 부분도 벌금에 처해질 수 있다.

일반적으로 폐업을 하면 해고예고를 하지 않아도 된다고 생각한다. 사회 통념상 경영자로서 취할 수 있는 조치를 다했음에도 직면하게 된 부도·도산 등의 경우에만 해당될 뿐 경영 판단에 따른 폐업 등에까지 해고예고를 하지 않아도 되는 것은 아니다.

근로기준법 제26조에 '사용자는 근로자를 해고(경영상 이유에 의한 해고 포함)하려면 적어도 30일 전에 예고를 하여야 하고, 30일 전에 예고를 하지 아니하였을 때는 30일분 이상의 통상임금을 지급해야 한다.'라고 규정하고 있다.

대부분의 영세 자영업자들은 시급 근로자를 고용하고 있다. 시급 근로자의 해고예고수당은 '주당 근로시간 ÷ 40(법이 정한 1주간의 근로시간) × 8(법정 1일 근로시간) × 시급 × 30일'로 계산한다.

예를 들어 1일 8시간씩 주말(토, 일요일)에 아르바이트생을 고용했다고 가정해 보자. 근로시간은 16시간으로 '16 ÷ (40 × 8) = 3.2시간'이 된다. 1일 급여는 '3.2시간 × 8,720원(2021년 최저시급) = 2만 7,904원'이므로, 30일치 급여는 83만 7,120원이 된다.

폐업도 전략이다

20일 전에 해고예고를 하면 나머지 10일분 통상임금만을 해고예고 수당으로 지급하면 되는 것으로 오해하는 사업주도 있다.

근로기준법 제26조에 의해 근로기준법상의 30일 중에 1일이라도 부족하면 해고예고를 하였다 해도 근로기준법에서는 해고예고를 하지 않은 것으로 본다. 예고 당일은 기간 계산에 포함되지 않는다.

사업주가 이메일, 문자메시지 등을 통해 해고예고를 통보했더라도 효력은 발신한 날짜가 아니라 근로자가 확인한 날짜부터 발생한다. 이를 도달주의라 하는데, 즉 의사 표시가 상대방에게 도달했을 때부터 효력이 발생한다는 의미다.

5인 이상의 사업장은 해고 사유에 정당한 이유가 필요하다. 하지만 4인 미만 사업장은 해고 사유에 정당한 이유가 필요 없다. 따라서 4인 미만 사업장인 경우 근로자는 해고 사유의 정당성 문제로 부당해고 등의 구제 신청을 할 수 없다. 30일 전에 해고예고를 문서로 전하고 폐업일 전 30일 동안 근로자의 출퇴근 자유를 보장해 주거나, 즉시 해고하는 대신 30일분의 기본급을 지급하면 된다.

근로기준법에서 해고 통보는 반드시 서면으로 하도록 명시하고 있지만, 해고예고에 대해서는 꼭 서면으로 해야 한다고 규정하고 있지는 않다. 따라서 해고예고는 구두 등의 방법으로 진행하는 경우가 보편적이다. 하지만 사업주가 대응하기 어려워질 수도 있다.

'해고예고는 일정 시점을 특정해서 하거나 언제 해고되는지 근로자가 알 수 있는 방법으로 해야 한다.'는 법원 판시도 있다.

반드시 근로자에게 해고일을 명시해 구체적으로 통보해야 하며, 불

확정 기간이나 조건을 붙이는 것은 해고예고라 할 수 없다. 사업주가 정확히 특정 시점을 정해 근로자에게 해고예고를 할 때만 적법한 것으로 인정된다. 해고예고 통지서를 작성할 때는 근로자의 인적사항, 해고예고일, 해고일, 해고 사유를 반드시 명시해야 한다.

구두상으로 해고예고를 하더라도 가급적이면 분쟁을 피하기 위해 서면으로 통보하는 게 좋다. 증빙자료를 만들어 두는 것이다. 근로자가 노동청에 해고예고수당을 못 받았다고 진정을 넣게 되면 해고예고가 적법하게 이루어졌는지 입증해야 할 책임은 기본적으로 사업주에게 있기 때문이다.

사업주가 증거 서면 등을 제시하지 못하면서 구두로만 해고예고를 했다고 근로자가 주장한다면, 해고예고를 안 한 것으로 간주된다. 이 점을 명확히 주지해야 할 것이다.

해고예고 통지서

(수신) 근무처:
     성 명: 주민등록번호:
     직 책:

(발신) 주식회사 ○○○○○
     대 표:

- 내 용 -

귀하를 근로기준법 제26조(해고의 예고) 및 제27조(해고 사유 등의 서면통지)에 의거, 아래 사유로   년   월   일부로 해고예고를 통보합니다.

해고일: 년   월
해고 사유: 가.
          나.

년   월   일

주식회사 ○○○○○   대표   (인)

-------------- 절 취 선 --------------

해고예고 통지서 수령증

근무처:
성 명:
직 책: 주민등록번호:
         년   월   일

인수자 성명   (인)

사업주가 정확히 특정 시점을 정해 근로자에게 해고예고를 할 경우에만 적법한 것으로 인정된다. 해고예고 통지서 작성 시 근로자의 인적사항, 해고예고일, 해고일, 해고 사유를 반드시 표기해야 한다.

해고예고 적용 예외 근로자도 있다. 근로기준법 제35조에 따르면 '일용 근로자로서 3개월을 계속 근무하지 아니한 자, 2개월 이내의 기간을 정해 사용된 자, 월급 근로자로서 6개월이 되지 못한 자, 계절적 업무에 6개월 이내의 기간을 정해 사용된 자, 수습 사용 중인 근로자'가 이에 해당하며 해고예고에서 제외하고 있다.

적법한 해고예고를 통해 분쟁의 소지를 없애야 할 것이다.

단, 권고사직서에 서명을 했다면 사용자의 사직 요구에 동의했다고 보기 때문에 해고가 아닌 합의해지에 해당하게 된다. 회사와 근로자의 협의로 보기 때문에 해고수당은 지급하지 않아도 된다.

권고사직서 작성 예

권고사직서

성 명:
주민등록번호:
소 속:
직 위:

상기 본인은 회사의 경영 악화로 인해 권고사직을 권유 받아
사직서를 제출하오니 속히 처리하여 주시기 바랍니다.

년   월   일

신 청 인   (인)

퇴업도 전략이다

21. 퇴직금도 지급 기일이 있다

퇴직금 미지급에 따른 진정이나 고소, 고발이 많이 발생하고 있다. 폐업 시 직원들의 밀린 급여 및 퇴직금 처리 방법을 몰라서 사업주가 형사처벌을 받는 경우도 종종 발생하고 있다.

근로자퇴직급여보장법 제9조(퇴직금의 지급)에 '사용자는 근로자가 퇴직한 경우 그 지급 사유가 발생한 날부터 14일 이내에 퇴직금을 지급해야 한다. 다만, 특별한 사정이 있는 경우에는 당사자 간의 합의에 따라 지급 기일을 연장할 수 있다.'라고 규정하고 있다.

사업주는 특별한 사정이 없다면 14일 이내에 퇴직금을 지급해야 한다. 이를 어길 경우 형사처벌 대상이 되어 3년 이하의 징역 또는 2,000만 원 이하의 벌금형에 처해질 수 있다. 임금 체불 및 퇴직금에 대한 청구권 소멸시효는 3년으로 이 기간 퇴직금 청구권이 이어진다.

퇴직금과 관련해서는 근로자퇴직급여보장법 제8조 제1항에 '퇴직금 제도를 설정하려는 사용자는 계속근로기간 1년에 대해 30일분 이상의 평균임금을 퇴직금으로 퇴직 근로자에게 지급할 수 있는 제도를 설정하여야 한다.'라고 규정하고 있다.

계속근로기간은 근로 계약을 체결해 고용된 날부터 해지될 때까지 근로기간의 단절(중도 퇴사 후 재입사 등) 없이 재직한 기간을 말한다.

또, 1일 평균임금은 근로기준법 제2조 제6항에 '사유가 발생한 날 이전 3개월 동안 그 근로자에게 지급된 임금의 총액을 그 기간의 총 일수로 나눈 금액을 말한다. 퇴직금의 기준이 되는 기본급은 세후 급여가 아닌 세전 급여다.

퇴직금은 1주일당 근로시간이 15시간 이상, 근무년 수 1년 이상인 근로자에게 지급한다. 상시 4인 이하 사업장, 정규직, 계약직, 아르바이트 여부와 관계없이 퇴직금 규정이 적용된다. 하지만 1년 미만의 근로자에게는 원칙적으로 퇴직금 지급 의무가 없다.

취업포털 잡코리아의 아르바이트 포털 '알바몬'이 아르바이트 직원 800여 명을 조사해 보니 퇴직금 제도에 대해 모른다고 응답한 경우가 47.3%였다. 하지만 퇴직금 제도를 알고도 받지 못하는 사례도 많았다.

퇴직금을 급여에 포함시켜 중간정산하는 사업장도 있다. 이 경우엔 중간정산 이후 계속근로기간이 1년 미만이더라도 사업자는 동 기간에 대한 퇴직금을 산정하여 퇴직금을 지급해야 한다.

퇴직금 계산 예

입사일	2019년 1월 1일
퇴직일	2020년 11월 1일
재직일 수	670일
기본급 + 기타 수당	200만 원
퇴직 전 3개월 총액 및 기간	600만 원, 92일

1일 평균임금은 '퇴직 전 3개월 임금 ÷ 총 일 수'로 계산한다. 위 예시를 기준으로 계산하면, 1일 평균임금은 '3개월 총액 600만 원 ÷ 92일'로 6만 5,217원이다.

퇴직금은 '1일 평균임금 × 30일 × (재직일 수 ÷ 365)'로 계산한다.

'6만 5,217원 × 30일 × (670일 ÷ 365일)'로 359만 1,401원이 퇴직금이 된다. 고용노동부(https://www.moel.go.kr)의 퇴직금 계산기를 이용하면 편리하게 계산할 수 있다.

직원의 급여가 올라갈수록, 재직 기간이 길어질수록 고용주의 퇴직금 부담은 커져 간다. 이에 일부 고용주들은 근로계약서에 '퇴직금 포기 약정'이나 '퇴직금의 액수를 제한하는 조항'을 넣기도 한다. 또 '퇴직금을 월급에 포함해서 지급'한다는 약정을 넣기도 한다.

하지만 이런 조항은 '근로기준법', '근로자퇴직급여보장법'에 위반되어 모두 무효여서 법에 규정된 퇴직금을 지급해야 한다.

22. 임금 지급이 힘들면 체당금을 활용하자

우리나라는 체불임금 비율이 높은 편이다. 미국과 일본은 체불노동자가 전체 노동자의 0.2~0.6% 정도이지만 우리나라는 1.7%에 달한다. 사업 부진, 폐업, 파산 등 여러 이유가 있겠지만 그만큼 영세한 사업자가 많다는 뜻이기도 하다.

고용노동부의 체불 노동상담 통계에 따르면 업종별로는 제조업 종사자가 39%로 제일 많았다. 그 다음으로는 건설업(18%), 도소매·음식숙박업(13%) 순이었다. 규모별로는 30인 미만이 대부분(68%)을 차지해 영세 업체에 집중되어 있다.

체불은 사업자의 안일한 인식도 문제가 된다. 회사가 어려우면 근로자의 임금을 미루거나 못 줄 수도 있다고 생각하는 사업자들이 적지 않다. 어쩔 수 없는 때도 있겠지만 임금은 노동에 대한 대가이고 직원의 생계가 달린 만큼 반드시 주어야 한다는 인식의 확립이 필요하다.

우리나라의 체불률이 일본의 10배라 하는데, 이런 모습은 임금을 대하는 인식 차이와 함께 실직으로 인한 창업, 충분한 훈련과 면밀한 계획 없이 시작하는 사업 등 사회적 여건도 깔려 있을 것이다.

기업의 도산으로 근로자가 임금이나 퇴직금을 받지 못하면 국가가 사업주를 대신해서 일정 범위의 체불금을 지급하고 있다. 이를 체당금(替當金) 제도라고 한다.

체당은 타인의 채무를 제3자가 대신 변제하거나 부담해 이행하는 것을 뜻하는 말이다. 근로자의 채권을 근로복지공단이 인수해서 나중에 변제받는 조건으로 체불임금을 먼저 지급해 주는 것이다.

체당금은 보험의 구조를 띠고 있다. 국가가 보험자가 되어 '임금채권보장기금'이라는 이름의 보험을 형성하고 회사가 보험 가입자가 되어 보험료를 납입하면 자격이 생긴다.

근로자 입장에서는 회사가 파산해 사업주의 능력이 없다면 민사소송으로도 체불임금을 받기가 어렵다. 이럴 때 근로자가 근로복지공단을 통해 체당금을 신청하면 최소한의 임금과 퇴직금을 받을 수 있다. 민사소송을 거치지 않을 수 있어 시간과 비용도 아끼게 된다.

체불근로자가 체당금을 신청하려면 근무했던 사업장의 요선이 있다. 산재보험법 적용 대상 사업장이면서 사업주가 6개월 이상 운영해 왔고, 현재는 영업 중단 또는 폐업신고를 하여 사업이 정리된 상태여야 한다.

체당금은 체불근로자의 진정 또는 고소를 전제로 신청하게 된다. 그러므로 사업주는 체불에 따른 형사적인 책임이 발생한다. 이로 인해 사업주의 도움 없이는 체당금 관련 진행이 어려워지기도 한다.

그런 만큼 폐업이나 도산으로 임금을 체불한 업체라면 사업주부터가 선의로써 체당금을 통한 해결을 직원과 협의할 필요가 있다.

근로자 입장에서는 체불임금과 사업장의 도산 사실을 입증할 수 있는 서류를 준비하는 것이 가장 빠르게 체당금을 받을 수 있는 방법이다.

체당금의 지급 보장 범위는 최종 3개월분의 임금 · 휴업수당 및 최종 3년간의 퇴직금 중 미지급액이다.

지방고용노동관서에 도산 인정일로부터 2년 이내에 신청하면 된다. 지급은 지방고용노동관서에서 사실 확인을 거친 후 근로복지공단을 통해 실행된다.

체당금 제도는 일반체당금과 소액체당금으로 나뉜다.

일반체당금과 소액체당금 지급 절차

구분			내용
일반 체당금	지급 청구	청구 기간	사업주에 대한 파산선고 또는 도산 등 사실 인정이 있는 날부터 2년 이내
		구비 서류	①일반체당금 지급청구서 ②체당금 등 확인신청서
		제출처	관할 지방고용노동관서
	사실 확인 및 통지		관할 지방고용노동관서에서 확인 후 그 결과를 확인통지서 또는 확인불가통지서로 신청인에게 통지
	공단 송부		신청인에 대한 체당금 지급 요건 충족 시 지방고용노동관서에서 일반체당금 지급청구서와 확인통지서(사본)를 근로복지공단에 송부
	지급		근로복지공단은 특별한 사유가 없는 한 일반체당금 지급청구서를 송부받은 날로부터 7일 이내 지급

구분		내용
소액 체당금	청구	
		청구 기간 판결 등 확정일로부터 1년 이내
		구비 서류 ①소액체당금 지급청구서 ②체불임금 등 사업주확인서 사본 ③판결문 등 집행권원(執行權原) 정본 ④확정증명원 정본 ⑤통장사본
		제출처 근로복지공단
	지급	근로복지공단은 특별한 사유가 없는 한 지급청구서를 제출받은 날로부터 14일 이내에 지급 여부 결정 및 지급

임금채권보장법에 따른 체당금

퇴직 당시 나이 항 목	30세 미만	30세 이상, 40세 미만	40세 이상, 50세 미만	50세 이상, 60세 미만	60세 이상
임금 · 퇴직금 등	220만 원	310만 원	350만 원	330만 원	230만 원
휴업수당	154만 원	217만 원	245만 원	231만 원	161만 원

일반체당금은 퇴직 시점의 만 나이에 따라 받을 수 있는 월 상한액이 정해져 있다. 받지 못한 체불금이 상한액보다 적으면 전액을 받을 수 있지만, 한도를 초과하면 나머지 금액에 대해서는 민사 절차를 통해 받아야 한다.

사업장이 법원으로부터 파산선고 결정, 회생개시 결정을 받거나 노동부로부터 사실상 도산 등을 인정받아야 하며, 인정받은 날로부터 2년 이내에 청구하면 된다.

예를 들어 월 250만 원을 받는 20대 근로자가 3개월치 임금과 2년치 퇴직금을 못 받았다고 가정해 보자. 받아야 할 금액은 임금(250만 원 × 3개월) 750만 원 + 퇴직금(250만 원 × 2년) 500만 원으로 합계 1,250만 원이 된다. 하지만 20대 연령 상한액에 걸려서 임금(220만 원 × 3개월) 660만 원 + 퇴직금(220만 원 × 2년) 440만 원으로 체당금 상한액은 1,100만 원이 된다.

신청은 일반체당금 청구서와 지급사유 확인통지서 사본을 관할 지방고용노동관서에 내면 된다. 이를 지방고용노동관서에서 확인한 후 체당금의 지급 요건을 충족하면 일반체당금 지급청구서와 확인통지서를 근로복지공단에 보낸다.

지급청구서를 받은 근로복지공단은 특별한 사유가 없는 한 7일 이내에 청구인에게 체당금을 지급한다.

미사용 연차, 유급휴가, 근로수당, 연말정산 등은 근로에 대한 대가가 아니므로 퇴직 이전 3개월 중에 발생했더라도 체당금 지급 범위에 포함되지 않는다.

일반체당금과 소액체당금 차이점

유형	차이점	최대 금액
일반체당금	폐업한 경우 임금, 휴업수당, 퇴직금	2,100만 원
소액체당금	폐업하거나 운영 중인 경우 퇴직 직전 3개월간의 임금 + 퇴직금 + 휴업수당	1,000만 원

소액체당금 상한액(2019년부터 인상)

항목	상한액
임금(휴업수당)	700만 원
퇴직급여 등	700만 원

소액체당금은 사업장이 폐업하지 않았어도 임금을 받지 못한 근로자가 그 액수를 국가로부터 대신 받을 수 있는 제도다.

기존의 체당금 제도는 도산한 사업장에서 퇴직한 근로자로만 이용할 수 있었다. 그러다 보니 훨씬 다수를 차지하는 가동 중인 사업장에서 퇴직한 근로자는 혜택에서 제외되는 문제가 따랐다. 이를 개선한 것이 소액체당금 제도다.

수령 액수 면에서도 근로자에게 유리하다. 예를 들어 월급이 300만 원인 20대 근로자가 3년치 퇴직금을 받지 못해 체당금을 신청했다고 가정해 보자. 일반체당금은 660만 원을 받을 수 있지만 소액체당금은 퇴직금만 체불됐을 땐 700만 원, 임금까지 체불됐을 땐 총 1,000만 원까지 받을 수 있다.

신청 방법은 지방고용노동부에서 '체불임금 등 사업주확인서'를 발급받은 후 법원에 임금체불 청구소송을 제기해야 한다. 사업주가 불응할 때는 근로감독관으로부터 체불금품확인원을 발급받을 수 있다.

법원에 소송 후 확정판결이 나오면 1년 이내에 인근 사업장 관할 소재지 근로복지공단을 방문해 소액체당금을 신청하면 된다. 근로복지공단은 특별한 사유가 없는 한 지급청구서를 제출받은 날부터 14일 이내에 소액체당금 지급여부 결정 및 체당금을 지급한다.

근로복지공단에서는 체당금 지급 요건 및 금액을 확인한 뒤 체당금을 지급하고 사업주로부터 구상권(빚을 갚아 준 사람이 채무자에게 그만큼의 보상을 요구할 수 있는 권리)을 행사해서 회수하는 과정을 거친다.

단, 소액체당금을 신청하려면 근로자가 일한 사업장이 산재보험에 가입되어 있는 사업장이어야 하며, 퇴직한 경우에는 퇴직일을 기준으로 6개월 이상 사업이 운영되어야 한다.

일반체당금은 연령별로 상한액이 정해져 있지만 소액체당금은 연령별 관계없이 최대 1,000만 원까지 지급되어 일반체당금보다 유리하다.

소액체당금 수령 후 일반체당금을 추가로 신청하면 먼저 받은 소액체당금을 공제하고 지급된다. 그런데 일반체당금을 받은 후 소액체당금을 신청하면 지급되지 않으므로 소액체당금을 먼저 신청해야 한다는 것도 알아두자.

소액체당금 제도를 이용해도 체불임금 및 퇴직금 전액을 받을 수는 없다. 그때는 노동전문 변호사와 상담하여 민사소송을 해야 한다.

체당금을 지급한 경우에는 그 지급 범위 내에서 근로자가 가지고 있던 미지급 임금 등의 청구권을 정부가 회수한다.

체당금을 부정 수급하면 안 된다. 거짓 또는 그 밖의 부정한 방법으로 체당금을 지급받은 경우 받은 액수의 배를 징수하게 되고 형법상의 처벌도 받게 된다.

고의적인 재산 은닉 또는 사업장 부도처리, 위장폐업 등 악의적인 체불 사업주에 대해서는 형사책임을 강화하고 있다. 5년 이하의 징역 또는 5,000만 원 이하의 벌금이 부과된다. 또 위법 행위자 외에 그 업무의 주체인 법인 또는 개인도 함께 처벌하는 양벌규정이 적용된다.

근로기준법 제37조에 의해 미지급 임금에 대해서는 지연이자를 지급해야 한다. 퇴직 노동자의 체불임금에 대한 지연이자는 연 20%다.

임금체불 근로자들이 사업주에 대한 확정판결을 받을 수 있도록 대한법률구조공단에서는 무료법률 지원도 하고 있다. 근로복지넷(https://www.workdream.net) 또는 근로복지공단(전화 1588-0075)을 통해 임금채권과 관련해 자세한 사항을 확인할 수 있다,

23. 직원들의 실업급여 부분을 체크하자

실업급여란 고용보험에 가입된 근로자가 실직 후 재취업을 준비하는 일정 기간 동안 정부로부터 급여 일부를 받을 수 있는 제도다. 실직한 근로자의 생활 안정과 구직 활동을 촉진하기 위한 지원이다.

그런 만큼 폐업하게 된 사업자라면 해고 직원들을 생각해 실업급여와 관련한 부분도 정보를 공유해 도움을 줄 수 있다면 좋을 것 같다.

주로 말하는 실업급여는 구직급여에 해당한다. 그 이유는 적극적으로 재취업 활동을 한 사실이 확인되는 경우에만 받을 수 있는 조건형 급여에 가깝기 때문이다. 다른 일자리를 구하려는 노력을 하지 않으면 실업급여를 받을 수 없다.

고용보험법 제40조에 따른 요건을 충족하면 실업급여 신청이 가능하다. 수급 조건은 실직 전 18개월 간 고용보험 가입 기간이 180일 이

상이어야 한다. 180일은 근무일 수로 계산하므로 주5일 근무제라면 5일 + 유급휴일 1일로 계산해서 7개월 정도 근무해야 인정받을 수 있는 날짜다. 실직 후에는 근로 의사와 능력이 있음에도 불구하고 취업을 하지 못한 상태여야 한다. 재취업을 위한 노력을 적극적으로 해야 하며, 이직 사유가 폐업 등 비자발적이어야 한다는 뜻이다.

때문에 자발적으로 퇴직한 경우에는 실업급여 수급 자격이 인정되지 않아 실업급여를 받을 수 없다. 유학, 전직, 창업 등으로 인한 퇴직도 수급 자격이 인정되지 않는다. 실업급여 수급권이 제한된 경우여도 고용노동부에서 시행하는 실업자 직업능력개발 훈련 과정은 수강할 수 있다.

실업급여를 받으려면 퇴사 후 거주지 관할 고용센터를 방문하여 실업신고와 함께 실업급여 인정을 신청해야 한다.

실업급여 수급 기간은 실직한 다음 날부터 12개월 이내다. 예를 들면 실직 후 11개월째에 실업급여를 신청하게 되면 1개월분밖에 받을 수 없다. 그런 만큼 실직 후 곧바로 신청하는 게 좋다.

실업급여 수급을 위해서는 고용노동부에 구직 등록을 하고 정해진 교육도 받아야 한다. 구직 등록은 고용노동부의 워크넷(https://www.work.go.kr)을 통해 신청할 수 있다. 교육은 고용센터 방문 없이 고용보험 홈페이지(https://www.ei.go.kr)에서도 받을 수 있다.

실업급여 수급 신청은 위의 교육 이수 후 14일 이내에 신분증을 지참하고 관할 고용센터에서 하면 된다. 신청서류는 수급자격인정 신청서와 재취업활동 계획서다. 고용센터에 서류가 비치되어 있으므로 양식대로 작성해 제출하면 된다.

수급 자격은 매 1~4주마다 고용센터를 방문하여 실업인정 신청을 해야 유지된다. 수급 자격 신청일로부터 7일간은 심사를 위한 대기 기간으로 이 날짜는 실업급여 수급 일에 포함되지 않는다.

실업급여의 급여일 수

연령 및 가입 기간	1년 미만	1년 이상 3년 미만	3년 이상 5년 미만	5년 이상 10년 미만	10년 이상
50세 미만	120일	150일	180일	210일	240일
50세 이상 및 장애인	120일	180일	210일	240일	270일

〈출처: 고용노동부〉

실업급여는 연령, 고용보험 가입기간에 따라 120~270일간 이직 전 평균임금의 60%를 지급하며, 상·하한액이 적용된다.

상한액은 고용노동부장관 고시로 정해지는데 2020년의 상한액은 1일 6만 6,000원이며, 2021년은 고시가 나와야 알 수 있다. 하한액은 시급 최저임금의 80%로 2021년은 1일 8시간(시급 8,720원) 기준 5만 5,808원이다. 단, 2019년에 정한 하한액 6만 120원보다 낮을 경우는 이 액수를 적용한다.

실업급여 지급액은 '퇴직 전 평균임금의 60% × 소정 급여일 수'로 계산한다. 예를 들어 퇴사 당시 만 49세로 고용보험 가입 기간이 1년 10개월이고 월 임금이 200만 원이었다면 다음처럼 계산된다.

먼저 퇴직 전 1일 평균임금은 '최근 3개월 급여액 ÷ 최근 3개월 근무 기간'으로(29일, 31일 포함 월에 따라 달라짐), 만약 총 92일이라면 600만 원 ÷ 92일 = 6만 5,217원이 1일 평균임금이다.

1일 실업급여 수급액은 퇴직 전 3개월간의 1일 평균임금의 60%로 계산한다. 그러면 3만 9,130원이 된다. 하한액보다 낮으므로 1일 실업급여 수급액은 하한액에 맞춘 6만 120원을 받게 된다. 예상 지급일 수는 150일이다. 퇴직 당시 연령과 고용보험 가입 기간에 따라 120일에서 270일 범위 내에 지급된다.

총 예상 수급액는 '1일 실업급여 수급액 × 예상 지급일 수'로 계산한다. '6만 120원 × 150일'로 901만 8,000원을 받을 수 있다.

근무 기간이 6~7개월인 경우 피보험 단위 기간(무급휴일 제외) 180일 요건을 충족하지 못해 수급 자격이 인정되지 않을 수 있다. 정확한 수급자격 인정 여부는 거주지 관할 고용센터에 문의하도록 한다. 직원이 실업급여를 받는다고 해서 사업장에 과태료나 벌금 등이 부과되지는 않는다.

자영업자 고용보험 보험료 산정 · 납부(2020년 기준)

등급	보수액(월)	월 보험료(2.25%)	실제 본인 부담 보험료	실업급여(월)
1등급	182만 원	4만 950원	8,190원	109만 2,000원
2등급	208만 원	4만 6,800원	9,360원	124만 8,000원
3등급	234만 원	5만 2,650원	2만 1,060원	140만 4,000원
4등급	260만 원	5만 8,500원	2만 3,400원	156만 원
5등급	286만 원	6만 4,350원	4만 5,045원	171만 6,000원
6등급	312만 원	7만 200원	4만 9,140원	187만 2,000원
7등급	338만 원	7만 6,050원	5만 3,235원	202만 8,000원

※ 월 보험료는 보수액의 2.25%이지만 실제 부담금은 정부 및 지자체가 30~80%를 지원해 훨씬 낮음.
〈출처: 고용노동부〉

일반적으로 실업급여는 근로자가 실직 시 받는 것으로 알고 있지만 사업주도 '자영업자 고용보험' 제도를 통해 실업급여를 받을 수 있다. 자영업자의 생활안정 및 재취업을 지원하는 제도다.

자영업자가 실업급여를 받으려면 고용보험에 가입되어 있어야 한다. 단, 사업자등록증에 표기된 개업 연월일로부터 5년 이내에 가입해야 자격이 생긴다. 가입 시 고용안정 및 직업능력개발사업, 실업급여에 모두 가입해야 한다.

가입 조건은 간단하다. 1인 사업장 대표부터 50인 미만 근로자를 고용하는 사업주까지 고용보험에 가입할 수 있다. 자영업자 고용보험 가입 신청서와 사업자등록증, 주민등록등본 등을 근로복지공단(지사)에 제출하면 된다.

자영업자 경우 실업급여, 직업능력개발수당, 광역구직활동비, 이주비는 적용되지만 연장급여, 조기재취업수당 등은 적용되지 않는다.

자영업자의 실업급여는 7등급 중 선택한 기준보수의 60%를 받을 수 있다. 기준보수란 자영업자가 자신이 월평균 어느 정도를 벌 수 있을 것 같은지 설정하는 금액을 말한다. 월급을 받는 일반 직장인과는 달리 자영업자는 매달 소득이 불규칙한 경우가 많으므로 자영업자 스스로 월소득 예상액을 설정할 수 있도록 하고 있다. 그 구간을 7등급으로 나눴다.

예를 들면 기준보수를 1등급으로 설정한 자영업자라면 매달 4만 950원을 고용보험액으로 납입하면 된다(앞의 표에서 보듯 정부 지원이 있어 실제 부담금은 훨씬 낮고 유동적임). 실업급여는 기준보수의 60%인 월

폐업도 전략이다

109만 2,000원을 지급받을 수 있다.

자영업자는 고용보험에 최소 1년 이상 가입해 보험료를 납부해야 실업급여를 받을 수 있다. 하지만 고용보험법 시행규칙 제115조의 2 또는 3조에 의해 매출액 감소, 적자 지속, 자연재해, 건강악화 등 불가피한 사유로 폐업한 경우여야 실업급여를 받을 수 있다.

그런 사유가 아니라 법령 위반에 따른 허가 취소, 본인의 중대한 귀책사유로 인한 폐업일 때는 실업급여가 지급되지 않는다.

고용보험에 가입한 자영업자의 실업급여 지급일 수

1년 이상 3년 미만 가입	3년 이상 5년 미만 가입	5년 이상 10년 미만 가입	10년 이상 가입
120일	150일	180일	210일

자영업자는 고용보험에 가입한 기간(피보험 기간)에 따라 120~210일 동안 실업급여가 지급된다. 폐업 후 실업급여 수급 없이 일반 근로자로 전환하는 경우에는 실업급여 수급에 불이익이 없도록 자영업자 고용보험 가입 기간을 합산해 적용하고 있다.

폐업한 자영업자의 실업급여 신청은 거주지 인근의 고용센터에 구직 등록을 하고 '자영업자 수급자격인정 신청서'를 제출하면 된다. 구직 활동 및 실업인정 신청이 되면 실업급여가 지급된다.

구직 활동을 인정받는 방법은 여러 가지가 있다. 구인 업체를 직접 방문하거나 인터넷 등을 이용해 이력서를 제출해도 된다. 사업장을 직접 찾아가 구직 활동을 할 때는 고용노동부 고용센터에서 실업급여 수급자에게 발급해 주는 '취업희망카드'를 가지고 가야 한다. 취업희망카드는 실업급여 청구 및 수령 등에 필요한 카드로 실업 인정이 되면 고용센터에서 발급한다.

구직을 위해 구인 업체를 직접 방문하는 경우에는 취업희망카드에 업체명, 주소, 전화번호, 면접 또는 서류 접수 담당자명을 기입해 고용센터에 제출하며, 명함을 받았다면 같이 제출한다.

취업 포털 사이트를 이용해 구직 활동을 할 때는 입사지원서를 보낸 날짜를 확인할 수 있는 이메일 편지함 화면과 입사지원 내역을 출력해 고용센터에 제출하면 된다.

구인 업체에 팩스로 이력서 등을 보냈다면 구인광고, 팩스번호, 수신자 이름을 취업희망카드에 적어서 고용센터에 제출하고, 우편을 이용했을 때는 구인광고, 우편발송 영수증을 고용센터에 제출한다.

고용센터 방문일 착오로 지정 날짜를 변경할 경우에는 1회만 가능하며 불출석, 미전송일로부터 14일 이내에 고용센터를 방문하여 구직 활동 자료를 제출해야 한다. 1회 변경한 후에도 지정일에 불출석하면 실업급여가 소멸되니 주의해야 한다.

직업능력개발훈련을 받는 것도 구직 활동으로 인정된다. 고용노동부에서 시행하는 내일배움카드제가 대표적이다. 취업하고자 하는 구직자에게 훈련비를 지원해 직무능력 교육을 받고 취업할 수 있도록 도와주는 제도다.

개인별 훈련 상담을 통해 취업(창업) 계획의 구체성, 훈련의 필요성, 취업의 시급성 등을 심사한 후 대상자로 선정되면 국비지원으로 훈련 과정을 수강할 수 있다. 1인당 연 최대 200만 원의 훈련비 및 최대 11만 6,000원의 훈련 장려금이 지원된다.

실업급여 수급 중에 취업을 하게 되었다면 고용센터에 반드시 통보해야 한다. 통보하지 않을 경우 취업일 전일까지의 실업급여를 받지 못하게 되며, 만약 취업한 후에도 실업급여를 받았다면 부정 수급이 되어 수급액의 2배에 해당하는 금액을 징수당하기 때문이다.

취업한 경우에는 그 사실을 고용센터에 먼저 유선으로 알리고, 취업한 날로부터 2개월 이내에 재직증명서를 제출해야 한다. 예정된 실업급여 기간을 1/2 이상 남기고 재취업하여 12개월 이상 고용됐을 때는 잔여 금액의 1/2을 조기재취업수당으로 받을 수 있는데, 취업 사실을 고용센터에 알리지 않으면 이런 혜택도 중단되니 유의해야 한다.

실업급여와 관련된 궁금한 사항은 고용노동부(전화 1350)에서 상담 가능하다.

24. 직원의 4대 보험은 상실신고 한다

폐업하게 되면 4대 보험 상실신고를 해야 한다. 4대 보험은 건강보험, 국민연금, 산재 및 고용보험을 통칭하는 것으로, 상실은 관계를 끊는 것을 의미한다.

폐업 절차상 관할 세무서에 사업자 폐업신고를 한 후 세무서에서 발부하는 폐업사실증명원을 4대 보험 관련 공단에 제출해야 한다.

이를 이행하지 않으면 관련 공단에서 인지할 때까지 계속 보험금이

징수될 수 있다. 불이익을 당하지 않으려면 꼭 4대 보험 상실신고를 해야 한다.

신고 기한이 있다. 건강보험은 상실 사유 발생일로부터 14일 이내, 국민연금과 고용보험, 산재보험은 다음 달 15일까지다. 기간이 지나서 신고하면 직원 1명당 3만 원의 과태료가 부과된다. 근로자가 4명이었다면 도합 12만 원의 과태료로 부과되는 것이다.

가. 건강보험

건강보험은 국민이라면 누구나 의무적으로 가입해야 한다. 사업장을 폐업하게 되면 해당 사업자는 폐업한 날부터 14일 이내에 사업장탈퇴신고서와 사업장 탈퇴 사실을 증명할 수 있는 서류를 국민건강보험공단 관할 지사에 제출해야 한다.

필요 서류는 사업장탈퇴신고서, 직장가입자 자격상실신고서이며, 급여대장과 근로소득 원천징수 영수증도 첨부한다. 2개월 이상 지연해 상실신고를 할 경우에는 퇴직증명서도 제출해야 한다.

건강보험 상실을 신고하지 않으면 국민건강보험법 제119조에 의해 30만 원에서 500만 원 이내의 과태료가 부과될 수 있다.

건강보험료는 매년 11월 기준으로 소득세법에 의한 한 해 소득과 지방세법에 의한 재산과표 등을 수치화하여 보험료를 부과한다. 객관적 자료에 의한 소득, 재산, 생활수준 및 경제활동 참가율 등을 종합 반영해서 건강보험료를 산정하는데, 직전 연도를 기준으로 하기 때문에 소득이 줄더라도 건강보험공단에서 보험료에 반영하기까지 6개월에서 1

년까지 걸릴 수 있다.

예를 들어 2020년에 대한 소득을 2021년 5월에 종합소득세 신고를 하고, 이 자료를 건강보험공단이 국세청으로부터 받아서 검증한 후 2021년 11월부터 2022년 10월까지 보험료에 반영하기 때문이다.

건강보험 지역가입자가 폐업하게 되어 소득 변동 사실이 생기면 조정신청을 통해 보험료를 조정받을 수 있다. 규정대로라면 11월부터 절차를 거쳐 보험료가 조정되지만 조정 신청을 내서 먼저 반영해 달라고 요청하는 것이다. 이를 통해 낮아진 보험료로 낼 수 있다.

나. 국민연금

폐업한 날로부터 다음 달 15일까지 사업장탈퇴신고서 및 사업장 탈퇴 사실을 증명할 수 있는 서류를 국민연금공단 관할 지사에 제출해야 한다.

필요 서류는 국민연금 사업장탈퇴신고서, 폐업사실증명원(공단에서 확인이 가능한 경우에는 생략 가능)이다.

국민연금은 퇴직에 따른 중간정산이 없으며 월중 언제 퇴직하더라도 1개월분의 국민연금을 내야 한다. 하지만 퇴직일이 1일이면 해당월은 납부하지 않아도 된다. 신고하지 않을 시 국민연금법 제131조에 따라 3만 원에서 50만 원 이내의 과태료가 부과될 수 있다.

다. 고용보험 및 산업재해보상보험

고용보험은 구직자 또는 실업자에게 생활에 필요한 급여를 국가가

지급하여 생활 안정 및 재취업을 지원하는 사회보장제도다. 실업급여, 구직자의 직업능력개발비 지원 등이 이에 해당하며, 회사가 고용보험에 가입되어 있어야 한다.

산재보험은 회사가 소정의 보험료를 내고 그 재원을 바탕으로 산재 근로자의 피해를 보상해 주는 제도다. 4대 보험 중 직원 분담금 없이 보험료 전액을 사업주가 부담해야 하는 것이 특징이다.

고용보험 및 산업재해보상보험의 보험 관계는 해당 사업장의 폐업일 다음 날로 소멸된다. 폐업·종료 등으로 보험 관계가 소멸한 경우 사업자는 그날로부터 다음 달 15일 이내에 보험관계소멸신고서를 해당 공단에 제출해야 한다. 이때 근로자고용종료신고서도 같이 제출한다. 보험관계소멸신고서와 동시 신고가 가능하다.

고용 관계가 종료된 달의 근무일을 기준으로 월평균 보수를 일할로 계산하여 보험료가 부과된다.

고용보험 및 산업재해보상보험의 보험 관계 소멸을 신고하지 않을 시 고용산재보험료징수법 제50조에 따라 50만 원에서 300만 원 이내의 과태료가 부과될 수 있다.

※4대 사회보험 정보연계센터

4대 사회보험 정보연계센터 홈페이지(www.4insure.or.kr)를 통해서도 4대 보험을 편리하게 해지할 수 있다. 공인인증서 로그인이 필요하다.

방법은 4대 사회보험 정보연계센터 접속 후 상단 메뉴의 민원신고 사업장 회원 가입자 업무 자격 상실('민원신고'의 사업장 회원에서 계속)

사업자 업무 탈퇴 순으로 진행하면 된다.

각 공단에서 요구하는 기입 사항과 필요 서류는 홈페이지의 안내에 따르면 되어 어렵지 않다.

다만 보험 관계를 소멸하더라도 미납 보험료가 있었다면 그에 대한 납부 의무는 소멸되지 않는다. 미납액에 대해 국민건강보험공단의 독촉 고지에도 불구하고 납부하지 않을 경우에는 압류 등 국세체납 처분 규정에 따라 강제징수 절차가 진행될 수 있으니 기일을 지키는 게 좋다.

4대 보험 상실신고 연락처

구분	문의처
건강보험 (건강보험공단)	1577-1000
국민연금 (국민연금공단)	1355
고용 · 산재보험(근로복지공단)	1588-0075
4대 사회보험 정보연계센터	https://www.4insure.or.kr

3장 _ 재고 및 집기·기기 처리

일본의 제너럴컨설턴트인 고바야시 마사히로(小林正博)는
"재고는 돈이 모습을 바꾼 상태인데 누구도
돈처럼 주의와 관심을 갖고 다루지 않는다."며
재고 관리의 중요성을 강조했다.
효율적인 재고 관리를 위해 폐업 시점까지 재고량을
최소화하는 것이 중요하다.
폐업을 결정했다면 남아 있는 시설이나 장비,
재고 물량을 신속하게 정리해야 한다.
특히 재고 물량은 유통기간이 정해져 있는 것이 많고
제품에 따라 유행 시기가 있어
다른 일보다 빠른 처리가 이루어져야 한다.

25. 폐업을 결심한 날부터 재고 관리를 시작한다

일반적으로 재고와 매출은 비례한다. 재고가 충분하면 고객의 요구에 즉시 대응할 수 있는 반면 재고가 불충분하면 판매할 기회를 놓쳐서 기회 손실이 발생할 수 있다.

재고를 보유하는 이유는 미래의 불확실성에 대한 대처와 예상되는 수요나 공급의 변화에 대치하기 위해서나. 하지만 폐업 후까지 남아 있는 재고는 사업장의 손실이 된다.

사업을 하는 과정에 재고가 쌓이게 되는 데는 여러 이유가 있다. 보편적으로는 매출 확대를 위해 과도하게 상품 수량을 늘렸을 때, 상품 판매 타이밍을 놓쳤을 때, 불량상품일 때, 상품 기획에 실패했을 때, 수명 주기 판단에 오류가 생겼을 때 등이다.

재고 관리는 적정한 재고 수준을 유지하기 위해 계획하고 통제하는 활동이다. 적정 재고를 산출하기 위해서는 수요 예측과 판매 예측을 하고, 물품의 특징과 유통기한, 평균 판매량과 물품의 생산 시간 등을 종합해 판단해야 한다.

재고는 운영 중인 사업장에 현금이 정체되어 있는 것일 수도 있다. 그러므로 주기적으로 재고 조사를 해야 한다. 사업장의 소비자 패턴 및 판매 패턴을 고려해 재고와 반품을 최소한으로 줄이는 상품관리 요령이 필요하다.

폐업을 결정한 날부터 상품 발주는 일별, 주간별로 나누며, 상품 군별로 발주일을 정리하는 게 좋다. 일별 재고 파악으로 상품을 판매한 뒤 평소보다 재고가 많은 상품이 무엇인지, 판매되지 않는 상품이 무엇인지 파악해야 한다. 발주일로부터 납품 일자까지 소요되는 시간을 계산해 안정적인 재고를 확보하는 것이 관건이다.

현재 중소형 점포를 운영한다면 사업장 내 상품 회전율을 높이는 것이 가장 중요하다. 사업장의 면적이 좁기 때문에 진열 및 보관할 수 있는 상품에 한계가 있기 때문에 회전율을 높여 매출을 극대화하는 것이 필요하다.

재고 관리표 예

품명	규격	재고량	비고
삼겹살	Kg	50	1인 200g
목살	Kg	15	1인 200g
돼지갈비	Kg	18	1인 200g

도소매업의 경우는 구매를 중단하고 폐업 예정 날짜에 맞춰 할인 판매 등을 통해 재고를 최소화하도록 한다. 구입처 반품이 가능한 상품은 감가하여 공급처에 반환 처리한다. 반품이 불가한 경우에는 동종 판매처와 협의해 재고를 처분할 수도 있다.

트렌드를 중시하는 상품의 경우 판매 기간이 타 상품에 비해 2~3개월로 짧다. 판매 시점을 놓쳤다면 할인행사를 통해서라도 정리하는 것이 좋다. 시기를 놓치면 제값을 받기 어려워지기 때문이다.

폐업을 예정한 음식점이라면 남은 영업일에 맞춰 적절하게 원재료 및 부재료를 구매 조절해야 한다. 아울러 폐업 15일 전쯤에는 공급 관련 업체에 관련 사항을 통보하고, 주변 마트나 시장, 식자재 전문점 등에서 필요량만큼만 구매해서 사용하도록 하는 게 합리적이다. 또, 물량 조절을 통해 재고가 남지 않도록 처리하며 남은 식재료는 서비스로 제공해 소진하도록 한다.

편의점의 경우는 보통 3개월 정도 시간 여유를 두고 정리에 들어가는 게 좋다. 그 기간 동안 발주 조정을 통해 보유한 물량을 소진하는 전략이 필요하다. 일부 편의점 본사에서는 가맹점 폐업 때 반품 처리를 하지 않기 때문이다.

편의점 폐점 과정에 물품 구매량을 줄일 경우 빈 진열대가 늘어날 수밖에 없다. 빈 진열대가 많아지면 고객들의 구매 욕구가 떨어져 매출도 떨어진다. 빈 진열대는 어색해 보이지 않도록 정리하고 재고량이 많은 상품이라면 눈에 잘 띄는 곳에 진열해 소진되도록 해야 한다.

프랜차이즈 가맹점이라면 폐점 때 재고 처리에 대한 책임 여부가 계약서에 명시되어 있는지 먼저 확인하자. 계약서에 명시되어 있지 않다면 재고 상품을 사업주가 떠안아야 한다.

그러다보면 반품이 안 되는 다른 물품의 신규 발주까지 머뭇거리게 되어 실제 폐점이 이루어지기까지 상당한 영업 손실을 입을 수 있다. 그런 만큼 폐업 1개월 이전부터 물품 리스트를 작성하고 발주량을 조정해 일일 배송 위주로 발주하도록 하는 게 좋다.

POS시스템(상품관리 시스템)을 통해 제품의 판매량을 파악하고 재고량을 관리한다면 적정 재고를 어렵지 않게 유지할 수 있다. 소량으로 판매되는 상품은 판매 품목에서 제외하거나 최소한의 재고만을 유지하도록 한다. 그러자면 주기적으로 재고조사를 해야 하며 사업장의 소비자 패턴을 고려해 재고와 반품을 최소한으로 줄이는 상품관리 요령이 필요하다.

판매 가능성이 낮은 재고는 자금을 묶어놓을 수 있으므로 우선적으로 처분해야 한다. 반품이 되지 않을 경우 가격을 낮추어 판매하거나 판매 품목에서 제외해 서비스로 처리하도록 한다. 할인 판매로 처리하거나 사회복지시설 등에 기부해 세금 혜택을 받는 것도 괜찮다.

재고 처분 업체 및 온라인 사이트, 동종 업체 등을 통해 낮은 가격대에 일괄 처분하는 것도 방법이다. 필자는 편의점을 정리하는 과정에 유통기한이 정해져 있는 상품들은 집으로 가져와 자체 소비하기도 했다.

창고 재고표 예

품명	입고		출고		확인
	날짜	수량	날짜	수량	
간장	2020. 8. 15	20	2020. 8. 18	5	
고추장	2020. 8. 20	15	2020. 8. 22	3	
된장	2020. 8. 20	20	2020. 8. 25	12	

폐업 시 남아 있는 재화(재고 물품 등)는 자기에게 공급하는 것으로 간주되어 부가가치세가 부과되므로 최대한 재고를 정리하도록 해야 한다. 그러므로 폐업 시점까지 적정 재고를 유지하다가 폐업 직전에는 재고를 최소로 할 수 있도록 하는 게 중요하다.

끝으로, 폐업일이 다가온다고 해서 판매에 손을 놓고 있지는 말자. 인기 제품들은 주문해서 파는 게 리스크를 줄이는 길이다. 소량 주문을 해도 배송비 차이가 크게 발생하지 않는다면 폐업일까지 소량으로 자주 주문하는 것이 바람직하다. 비용 차이가 크다면 묶음 배송을 통해 해결하는 것도 방법이 될 수 있다.

26. 손실을 줄이는 집기 · 기기 처리 방법

소상공인시장진흥공단이 폐업 과정에 있는 자영업자 800여 명을 대상으로 조사를 했다. 그 결과 권리금(48%), 사업장 매도(36%) 만큼이나 설비 및 집기 처리(43%)를 애로사항으로 꼽았다. 처리 방법을 잘 모르기 때문이다.

재고 정리 못지않게 집기 · 설비 처리를 통해 폐업 시 발생하는 손해를 최소화하는 것이 중요하다.

가장 이상적이라면 사업장을 양도받는 사람이 동일 업종이어서 집기 · 기기를 권리금에 포함시켜 매도하는 방법일 것이다. 이 경우 권리금에 포함시킬 물품들의 리스트를 정리해 두면 된다.

하지만 타 업종의 입점으로 집기 · 기기 양도가 되지 않을 경우라면 처리가 난처해진다.

집기 · 기기의 처리 계획을 허술히 하여 그야말로 고철값 수준으로 넘기는 폐업자도 많다. 욕심을 버리고 일괄 양도하는 방법을 찾는 것이 좋다. 창업 때의 구매가는 잊어야 한다. 폐업 시점이 가까워지면 조급함 때문에 더 낮은 가격에 정리해야 할지도 모른다.

중고 집기 · 기기 업체에 연락해도 매입을 거부하거나 실제 구매가의 5~15%의 값으로 가져가려는 경우가 다반사다. 또한 중고업체 담당자가 현장에 와서 집기 · 기기를 본 후 5% 미만의 더 낮은 가격을 제시하기도 한다. 폐업일에 임박하다 보면 자포자기하는 심정으로 이런 요구에 응하게 된다.

중고업체에서는 매입한 집기·기기를 수리 및 소제하여 재판매하거나 수출한다. 때문에 중고업체에서도 재판매가 어려운 물건은 구입을 꺼린다.

중고 집기·기기 업체에 판매하기 위해서는 제품이 가지고 있는 가치를 따져봐야 한다. 보편적으로 잔존가치를 3년 정도로 잡는다. 3년이 지난 물품은 중고업체에서도 매입하지 않는다. 재판매를 위해 수리할 때 부품 확보 등에 어려움이 따를 수 있기 때문이다.

집기·기기 처리를 위해 미리 리스트를 정리해 두는 게 좋다. 제품명, 사이즈, 수량, 제조년도 등을 기입하면 된다. 리스트 작성은 권리금을 통한 정리나 중고업체와의 협의를 위한 준비 과정이다.

집기·기기 리스트 작성 예

품목	가로	세로	높이	수량	비고
45 BOX 냉동냉장고	1260	800	1900	1	0000년
반찬냉장고(제작)	1200	700	850	1	0000년
가스튀김기	900	600	1000	1	0000년

커피머신, 커피그라인더 등 특수기기는 기기 제작·취급 업체를 통해 판매할 수 있다. 이런 업체는 자체적으로 간단한 점검 및 수리를 통해 재판매가 가능하기 때문에 좀 더 좋은 가격을 받을 수 있다. 잘 모를 때는 기기에 붙어 있는 라벨을 보고 제조유통 회사로 문의하면 된다.

온라인 중고거래 카페나 사이트를 이용하는 것도 좋은 방법이다. 일괄 판매가 어려워 한 가지씩 팔아야 하고 개별포장 배송해야 하지만 좋은 값을 받는데 이만한 곳도 없다.

예를 들면 옥션중고장터라면 사이트 연결하기 사진 촬영 카테고리 선택 상품명, 상품 설명 쓰기 판매가 선택 배송 방법 쓰기 등록 순으로 진행하면 된다. 온라인의 경우 대부분 과정이 비슷하다.

생활정보지를 이용해 팔 수도 있다. 생활정보지의 광고를 보고 구매하러 오기에 별도의 배송 절차가 필요 없다. 구매자가 직접 확인 후 결정하므로 집기 · 기기의 상태에 따라서는 중고업체보다 높은 가격에 판매할 수 있다는 것이 장점이다. 지역정보지를 이용하기에 광고비는 좀 든다.

재활용센터도 연락해 볼 수 있는 곳이다. 먼저 사업장 주변 재활용센터에 연락해 취급 품목을 확인하자. 지자체별 재활용센터는 인터넷 검색으로도 간단히 찾을 수 있다.

프랜차이즈 가맹점이라면 사업장에 맞춰서 제작된 기기들이 있을 수 있다. 보편적인 규격의 물품이 아니라서 새 주인을 찾기가 어려울 수 있는데, 동종 업종을 통한 직거래나 지인들을 통해 판매하는 것이 유리하다.

마지막으로는 철거 업체나 고물상에 판매하는 방법이다. 시간과 노력은 절감되나 고철 가격으로 책정하기에 가장 헐값일 수밖에 없다. 그래도 최소한 두 군데 이상 견적을 비교한 뒤 결정해야 손해를 최소화할 수 있다.

4장 _ 철거 및 원상복구

철거는 건물, 시설 따위를 무너뜨려 없애거나 걷어치우는 것이다.
반면 원상회복(복구)은 토지 및 건물을
계약 전 본래의 상태로 되돌리는 것을 말한다.
양도·양수가 원활히 진행된 경우
양수인이 사업에 맞는 아이템으로 시설을 활용하므로
원상복구에 큰 의미가 없다.
하지만 양도·양수가 되지 않은 채 임대 만료가 되거나
폐업할 경우 시설에 대한 원상복구가 필요하다.
원상복구도 임대인과의 사이에 자주 발생하는 분쟁 중 하나다.

27. 원상복구에도 범위가 있다

사무실이나 점포를 임대해 창업하게 되면 이용자의 편의에 맞게 개조 또는 인테리어를 해서 사용하게 된다. 이후 임대차가 만료되면 사업장을 원래 상태로 복구해 건물주에게 돌려주는 게 기본이다.

원상복구 의무 규정을 임대차계약서에 명시하지 않았더라도 임대차 기간이 만료되면 민법 제654조 및 동법 제615조에 의해 임차물을 임대차 계약 당시 상태로 원상복구할 의무가 따른다.

사업장의 건축 관련 도면 또는 입주 당시의 현장 사진을 토대로 복구 목록을 작성해 임대인에게 건넨 후 임대인이 동의하면 원상복구를 진행한다.

용인시 △△키즈카페 신○○ 대표는 폐업을 준비하면서 임대인과 마찰이 생겼다. 임대인이 원상복구 범위를 건물 초기 상태로 요청한 것이다. 입주 전 당시의 모습을 확인할 수 있는 사진이 없는 상태에서 임대인이 원래 사무 공간이었다고 주장해 복구 범위가 넓어진 것이다.

신 대표가 임대하기 전에는 커피숍이 있던 자리이고, 실내에 화장실과 주방이 있었다. 하지만 전 임차인이 이민을 가서 연락이 안 되어 임대 당시 모습을 증명할 방법이 없었다.

신 대표는 임대인의 요구대로 전체 복구를 해주어야 할 상황이었다. 사무 공간으로 되돌리는 복구비로 800만 원의 견적이 나왔다. 결국 신 대표는 임대인과의 협의를 통해 임대인이 직접 복구하는 명목으로 600만 원에 합의한 후 폐업했다. 예상 밖의 손실이 발생했다.

임대인은 사업장의 원상복구 기간 동안 임대 손실이 발생했다면서 보증금에서 임대료까지 차감했다.

전 임차인이 계약 기간 중에 다른 임차인에게 점포를 양도하면서 임대차가 만료됐을 때 흔히 원상복구의 범위가 어디까지인지 문제가 된다.

임대인은 원상복구가 전 임차인에게 임차하기 전 상태(개조하기 이전 모습)를 의미한다고 주장하고, 그 다음의 임차인은 전 임차인으로부터 점포를 인수받을 당시의 상태라고 주장하기에 임대인과 임차인 사이에 분쟁이 생길 수밖에 없다.

그러나 현재 임차인을 상대로 그 전 임차인이 개조한 것까지 원상복구를 요구하는 것은 잘못된 처사다. 원상복구 범위를 '전 임차인이 설치한 시설까지 포함한다.'는 등의 양 당사자 간의 약정이 없는 한 복구해줘야 할 의무가 없다. 전 임차인으로부터 점포를 인도받을 당시의 상태로 해주면 새로운 임차인은 원상복구의 의무를 이행한 것이 된다.

대법원 판례(90다카12035)를 보면 '임대인에게 목적물을 원상복구해 반환할 의무가 있다 해도 별도의 약정이 없는 한 임차인이 개조한 범위 내의 것으로 그 전 사람이 시설한 것까지 원상복구해 주어야 할 의무가 있다고는 할 수 없다.'라고 판시했다. 임차인의 원상복구 범위를 구체화한 것이다.

분쟁을 예방하기 위해서는 입주할 때 점포의 주요 시설물 상태를 사진으로 찍어 두는 것이 좋다. 후일 원상복구 범위에 대한 기준이 되기 때문이다.

악덕 임대인의 경우 임차인이 점포를 사용하는 동안 손상된 건물 내부 및 외부 등까지 원상복구 해달라고 요청한다. 이를 빌미로 보증금 상환을 제대로 하지 않으려는 임대인도 있다.

주변에서 자주 보는 분쟁 중에는 바닥 긁힘 등 통상적으로 생긴 '손모'에 대한 부분도 있다. 손모는 시간의 흐름에 따라 손상되는 부분이다. 임차인이 통상적인 방법으로 점포를 사용하는 동안 생긴 손모 등은 임대차 당시의 상태보다 나빠지더라도 그대로 반환하면 된다.

판례(2006가합62053)에도 임차 목적물의 손모는 임대차 계약의 본질상 당연하게 예정되어 있다고 언급되어 있다.

통상적인 손모로 인한 건물의 감가는 일반적으로 임대인이 감가상
각비나 수선비 등의 필요 경비를 임대료에 포함시켜서 받고 있다는 점
을 근거로 하고 있다.

그러므로 손모에 대해서는 임차인에게 귀책사유가 없다. 손모는 채
권법의 일반 원칙에 비추어 봐도 별도의 약정이 없는 한 임대인이 부
담할 사항이다.

분쟁 조정 지부 및 관할 구역

공단 지부	전화번호	관할 구역
서울중앙지부	02-6941-3430	서울특별시, 강원도
수원지부	031-8007-3430	인천광역시, 경기도
대전지부	042-721-3430	대전광역시, 세종특별자치시, 충청북도, 충청남도
대구지부	053-710-3430	대구광역시, 경상북도
부산지부	051-711-3430	부산광역시, 울산광역시, 경상남도
광주지부	062-710-3430	광주광역시, 전라북도, 전라남도, 제주특별자치도

분쟁이 발생했다면 상가건물임대차 분쟁조정위원회를 이용한다. 이
는 상가임대차와 관련한 당사자 간의 원만한 합의를 이끌어내 소송에
따른 시간과 비용 낭비를 줄여주는 제도다. 임대료와 권리금, 임대차
기간, 계약 갱신, 원상복구 등 임대차와 관련된 분쟁을 조정한다.

분쟁 조정을 원하는 임대인 및 임차인은 조정 신청서를 작성해 위원
회를 방문하거나 이메일로 신청하면 된다.

철거 전에 외부와 내부로 구분해 간판을 포함한 상세 사진을 찍는다. 촬영을 하는 이유는 사진을 토대로 임대인과 철거 및 회복(복구) 범위를 정하기 위해서다. 임대인과 협의 없이 진행할 경우 마찰이 발생할 수 있다.

임대인과 협의한 복구 내용을 기준으로 철거 업체와 비용을 알아본다. 최소 2, 3곳 이상의 철거 전문 업체로부터 견적을 받아 비교해서 진행한다. 견적을 비교할 때는 임대인과 협의한 구체적인 철거 및 복구 계획을 설정하여 세심한 부분까지 상의하는 것이 좋다. 차후 변경이 생기면 비용이 상승하기 때문이다.

철거 업체에서 견적서는 꼭 받아두도록 한다. 기관에서 철거·복구 비용을 지원받을 경우에 제출해야 한다.

철거는 같은 범위의 시설물이라도 1층과 2층이 다르다. 또한 목조 건물 철거와 철근 콘크리트 건물 철거는 비용이 다르다. 이처럼 철거 비용은 현장 상황 및 조건에 따라 변동되기 때문에 면적 대비 비용 책정이 불가능할 때가 많다.

철거하려는 시설물의 철거 범위가 가로와 세로가 몇 m^2인지 실측하자. 철거 공간 내에 폐기해야 할 시설물이 많다면 비용이 올라간다. 철거 업체에서는 보편적으로 평수 또는 회배로 계산한다. 회배는 일본식 단위 표현 방법이다.

평수 계산은 1평(가로 1.82m × 세로 1.82m = 3.305m^2)을 기준으로 '가로

× 세로 ÷ 3.305'로 구한다. 가로 × 세로의 길이가 각각 10m라면 '(10m × 10m) ÷ 3.305'로 약 30.25평이 된다.

회배는 '1m x 1m = 1m^2'를 1회배로 계산하며 1평(3.3m^2)은 3.3회에 해당한다. 이를 실제 건물에 적용하면 '평수 × 3.3 = 회배'가 되어 30평일 경우 '30평 × 3.3 = 99회배'가 된다.

철거 비용은 크게 3가지가 꼽힌다. 철거 인력, 철거 장비, 폐기물 처리비 등이 그것이다.

벽체는 발생 폐기물의 해체 방법(커팅, 집게, 브레이커 등) 및 폐기물 양으로 산출한다. 바닥 콘크리트는 벽체보다 해체가 더 어려워 철거 비용이 벽체보다 약간 더 올라간다. 바닥 타일은 타일의 종류와 접착한 방법에 따라 가격이 책정된다.

떼어지는 강도에 따라 견적이 차등 적용될 수 있다. 잘 떼어질수록 당연히 저렴하다. 1회배당 6,000원~1만 2,000원 선이다. 카펫은 중량이 높기에 일반 폐기물에 비해 처리 비용이 올라간다. 천장은 흔히 텍스, 합판으로 되어 있는데 회배당 2,000원~5,000원으로 계산한다.

통상적으로 철거 비용은 1회배당 3만 6,000원~3만 8,000원/m^2 선에서 책정된다. 3.305m^2(1평) 기준으로 하면 12만 원 정도로 33,057m^2(10평)에 대략 120만 원의 철거 비용이 소요된다고 볼 수 있다.

데코타일, 천막, 보온덮개, 부직포, 자바라, 벽지, 사무용 의자, 소파, 매트리스, 이불, 쿠션, 의류 등과 같은 가연성 폐기물은 추가 비용이 발생한다.

업종 및 사업장의 여건에 따라 비용은 변경될 수 있다. 예를 들면 2

층 음식점에 설치된 바닥 보일러라면 철거 때 1층에 누수가 생길 수 있으므로 철거 시간이 더 소요되어 비용이 올라갈 수 있다.

현장에서의 작업 여건에 따라 금액은 ±20~30% 오차 범위가 있다. 또한 지역 및 사업장 조건에 따라 차이가 발생할 수 있다.

평균 철거 단가표

내역	단위	철거 단가	비고
벽돌(조적2.0b)	m²	4,500원	
조적 벽체(1.0b)	m²	1만 5,000원	
(무근)콘크리트	m²	13만 원	
(철근)콘크리트	m²	30만 원	
무근 구조물	m²	1만 5,000원	
철골재 철거	ton	19만 8,000원	
목조 건물	m²	1만 원	
슬레이트 철거	m²	2,000원	
기와 철거	m²	2,500원	
지붕틀 철거	m²	3,600원	
닥트(함석)	m²	3,500원	석면 처리비 미포함
텍스(천정)	m²	2,500원	50평 기준
목조 칸막이	m²	4,500원	
타일 벽체	m²	8,000원	
타일 바닥	m²	1만 2,000원	접착 강도별 금액 차이
석고 벽체	m²	3,500원	
경량 벽체	m²	1,000원	
목문, 문틀	개소	2,000원	
카펫	3.3 m²	2만 원	
온돌 바닥	m²	6,000원	

29. 철거도 계획이 필요하다

임대인과 임차인 간에 철거 및 복구 범위에 대한 협의가 되었다면 일정을 잡아서 진행한다. 작업 일정은 임대 만료 2일 전까지는 복구를 마치는 것으로 잡는 것이 좋다. 보완 사항이 생길 수 있기 때문이다. 보통 10평 사업장의 경우 철거 및 복구에 2~3일 정도가 소요된다.

철거 전에 일정을 재확인하고 진행 사항을 꼼꼼히 점검해야 한다. 집기 · 기기, 가전제품 등은 미리 팔거나 처분하여 철거 공간만을 남겨두는 것이 좋다. 판매하기 위해 모아 둔 집기 · 기기 등을 철거 업체에서 폐기물로 오인 처리하여 분쟁이 발생할 수 있기 때문이다.

사무실, 학원가, 백화점, 병원 인근 등 인구 밀집 지역은 주변의 피해(민원)가 우려되므로 주말이나 공휴일 또는 야간을 택하는 작업이 필요할 수 있다. 철거할 때는 먼지와 소음으로 인한 민원 발생도 염두에 두어야 한다.

폐업하는 입장에 철거 및 복구 비용은 의외로 부담이 될 수 있으므로 사전에 면밀히 계획을 세워야 한다.

장비의 사용 기일이 증가해도 비용이 상승할 수 있다. 사다리차(1층 이상) 등 별도 장비를 이용할 경우에는 비용 절감을 위해 하루 일정을 잡아서 한꺼번에 진행하는 게 좋다.

폐기물은 미리 구분해 배출하면 합리적인 가격에 처리할 수 있지만 혼합 폐기물은 분리 작업이 추가적으로 필요하기 때문에 처리 비용이 올라간다. 판매가 가능한 폐기물은 따로 처리하거나 모아서 배출하면 비용을 절감할 수 있다.

석면 폐기물은 1급 발암물질이기 때문에 다른 폐기물과 섞여서 처리되지 않도록 잘 밀봉해 고용노동부에 등록된 폐석면 처리 업체를 통해 처리해야 한다. 폐기물 처리 업체 현황 및 정보는 한국폐기물협회(https://www.kwaste.or.kr/)에서 확인 가능하다.

철거 작업을 진행하기 전에 챙겨야 할 사항도 있다. 전기, 가스, 수도 등에 대해서는 관련 기관과 협의하여 공사 진행 전에 미리 처리하자.

가스 시설의 철거는 도시가스 고객센터(1544-3131)에 연락하면 된다. 안전조치가 완료된 후에만 내부 가스 시설 및 건물 철거가 가능하다. 도시가스 고객센터에 문의해 요금을 정산하고 계량기 철거 후에는 안전 조치도 해야 한다.

철거 현장에는 방진막 등을 설치해 분진, 소음, 진동을 최소화해야 한다. 현장 주변에는 안전원을 배치해 안전사고를 예방하자.

철거를 앞둔 건물에 부랑자가 침입하지 않도록 방비하는 것도 필요하다. 부랑자로 인해 화재 등 예기치 않은 사고가 발생할 수 있다.

폐기물 처리비는 트럭의 용량과 운행 횟수로 정산하므로 복구 작업 후 한꺼번에 처리해야 비용을 절감할 수 있다.

소상공인시장진흥공단에서는 폐업 예정인 소상공인의 폐업 처리를 위해 집기·설비 매각, 철거·원상복구 등에 대한 컨설팅을 지원하고 있다. 비용 절감에 도움이 될 수 있으니 소상공인시장진흥공단의 사업 정리컨설팅 지원제도를 활용해 보자.

5장 _ 임대보증금
및 권리금

임대보증금은 건물의 임대차를 체결할 때 임차인이
나중 돌려받는 것을 전제로 임대인에게 맡기는 금액을 말한다.
권리금은 토지 또는 건물의 임대차에 부수해서
임대 사업장이 가지는 특수한 장소적 이익의 대가로
임차인이 임대인에게 지급하는 금액이다.
또, 임차인이 기존의 임차인으로부터 사업장을 넘겨받을 때
사업장이 띠는 가치, 시설 등을
금전으로 보상해 주는 의미로도 쓰이는 말이다.
임대보증금 및 권리금도 자주 발생되는 분쟁 중 하나다.

30. 보증금 미회수 때는 임차권등기명령 신청을 하자

임대보증금은 임대차 기간 만료 후 돌려받는 게 정상적이지만 보통
은 새로운 임차인에게서 보증금을 받아 직전 임차인의 보증금을 변제
하는 것이 현실이다. 이때 새로운 임차인을 곧바로 확보하지 못하는
경우 문제가 생긴다.

임대인 중에는 투자 개념으로 건물을 소유하면서 임차인으로부터
받은 보증금을 다른 곳에 투자하여 당장 현금이 없는 경우가 많다. 그
런가 하면 이런저런 핑계를 대며 보증금 반환을 고의적으로 늦추는 악
덕 임대인도 있다.

이때 도움이 될 수 있는 것이 임차권등기명령제도다. 임대차등기명령은 임대차가 종료됐음에도 보증금 전체 또는 일부를 받지 못한 채 건물을 나가게 된 임차인이 관할 법원에 신청할 수 있다. 임차인이 비록 보증금을 돌려받지 못한 채 나가더라도 우선변제권을 유지할 수 있도록 한 것이 임차권등기명령제도의 핵심이다.

임차권등기명령 신청 양식

임차권등기명령 신청서

| 수입인지 |
| 2,000원 |

신 청 인(임차인) 성 명: (–   )
　　　　　　　　주 소:
　　　　　　　　전화번호:
피신청인(임대인) 성 명:
　　　　　　　　주 소:

신 청 취 지

별지 목록 기재 건물에 관해 아래와 같은 주택 임차권 등기를 명한다, 라는 결정을 구합니다.

아 래

1. 임대차 계약일자: 20　.　.　.
2. 임차보증금액: 금　　원, 임대료: 금　　원
3. 주민등록일자: 20　.　.　.
4. 점유 개시일자: 20　.　.　.
5. 확정일자: 20　.　.　.

신 청 이 유

1. 신청인은 20   년   월   일 피신청인 소유의 ○○시 ○○구 ○○동 ○○에 대해 임차보증금 ○○○○원, 기간 ○○개월로 임대차 계약을 체결했습니다.
2. 임차 기간이 20   년   월   일 만료되어 이전하려고 하나 피신청인이 임차보증금을 반환하지 않아 부득이 이 건 신청에 이르게 되었습니다.

첨 부 서 류

1. 건물등기부등본 1통
2. 주민등록등본 1통
3. 임대차 계약증서 사본 1통
4. 부동산 목록 5통

20   .   .   .
신청인   (인)

○○ 지방법원 ○○ 지원   귀중

주 1. 이 신청서를 접수할 때는 당사자 1인당 3회분의 송달료(6,780원)를 수납 은행에 납부해야 한다. (사법부 전산망이 설치되어 있지 않은 시·군 법원에는 당사자 1인당 1회분의 송달료(2,260원)를 우표로 납부.)

2. 임차보증금액란에는 신청 당시까지 반환받지 못한 금액을 기재하고, 주택임대차보호법 제12조의 등기하지 않은 전세 계약의 경우에는 임대료란을 공란으로 한다.

3. 주택의 일부에 대한 임차권등기명령 신청을 하는 경우에는 '별지 목록 기재 건물에 관해…' 부분을 '별지 목록 기재 건물 중 별지 도면 표시 ㉠, ㉡, ㉢, ㉣의 각 점을 순차로 연결한 선내 부분 방 ○○㎡에 관해…'라고 임대차의 범위를 구체적으로 기재하고, 그 부분을 표시한 건물 도면을 첨부해야 한다.

법적으로는 상가건물임대차보호법 제6조 1항의 '임대차가 종료된 후 보증금이 반환되지 않은 경우 임차인은 임차한 건물 소재지의 지방법원, 지방법원 지원 또는 시·군 법원에 임차권등기명령을 신청할 수 있다.'라는 규정에 근거한다.

임차권등기명령 신청서와 함께 임대차계약서, 부동산등기부등본, 주민등록등본, 임대인에게 보냈던 내용증명을 서류로 제출하면 된다. 내용증명에는 계약 기간이 끝났음에도 임대인이 보증금을 돌려주지 않고 있다는 내용이 포함되어 있어야 한다. 내용증명 발송 후 2주 정도가 지나도 답이 없으면 임차권등기명령을 신청한다.

반환을 요청하는 보증금이 환산보증금(월세까지 포함한 보증금) 범위 내라면 임대인의 동의 없이 임차권등기명령을 신청할 수 있다.

임차권등기명령은 법원 심사에서 타당하다고 인정되면 임대인에게 고지한 후 법적 절차가 실행된다. 법원은 임차 상가의 소재지 등기소에 임차권 등기를 촉탁하고, 등기소에서는 건물등기부에 임차권 등기를 기입하게 된다.

임차 상가가 법원의 결정에 따라 소재지 등기소에 등기되면 등기부등본에 가압류, 압류, 저당권 등기처럼 빨간색 글자로 표기된다. 건물등기부등본에 임차권 등기가 기재되면 임대인이 상가를 이전하거나 폐업을 하더라도 임차인은 대항력과 우선변제권을 그대로 유지할 수 있다.

임차권등기명령 신청과 관련해 주의할 게 있다. 법원의 결정을 받았더라도 임차권 등기가 되었는지 확인한 후 이사를 해야 대항력을 보장

받을 수 있다는 점이다. 이유는 임차권등기명령이 임대인에게 송달된 후에 등기 촉탁이 이루어지고, 임대인의 주소가 불명확한 경우에는 한참 후에 등기가 될 수 있다. 보통은 임차권 등기가 이루어지기까지 2주 정도 소요된다.

보증금을 반환받는 방법으로는 지급명령제도를 이용할 수도 있다. 지급명령은 채권자의 신청으로 진행되며 법원이 채무자를 심문하지 않고 지급을 명령하는 것이 특징이다. 하지만 상대방이 이의 신청을 하면 소송으로 넘어가기도 한다.

보증금 반환 지연에 따른 이자 등 손해금 청구도 가능하다. 소송 전까지는 연 5%, 소송 진행 시작부터 보증금을 돌려받기 전까지는 연 15%의 지연손해금을 청구할 수 있다.

그러므로 서로의 입장만을 고집하기보다 조금씩 양보하여 임대인과 합리적인 해결책을 찾는 것이 좋다. 예를 들어 '보증금 반환 시한을 지키지 못하면 그날로부터 일정한 이자를 지급한다.'라고 타협하는 것이다. 합의 사항을 문서로 작성하여 공증을 받아두면 된다. 공증은 법원 판결문과 동일한 효과를 발휘해서 임대인이 약속을 이행하지 않을 경우 임차인이 경매나 압류 같은 강제집행을 진행할 수 있다.

이의 수행은 대한법률구조공단(https://www.klac.or.kr)의 도움을 받아 무료로 절차를 밟을 수 있다. 임차권등기명령과 지급명령 모두 대법원 전자소송 사이트(https://ecfs.scourt.go.kr)를 통해 신청해도 된다.

법률적인 도움을 받더라도 부득이하게 시일이 경과해 다른 점포와의 계약 등에 자금 부족을 겪을 수 있다. 이런 때는 소상공인시장진흥공단을 통해 임차소상공인 전용자금 지원을 알아보자. 업체당 1억 원 한도로 신청할 수 있다.

관련 서류 확인과 문의, 접수는 소상공인시장진흥공단 지역센터 또는 분소에서 하면 된다.

31. 내용증명을 통해 보증금 회수 기회를 만든다

내용증명은 우편 발송한 서면 내용을 정부기관인 우체국이 증명해주는 제도다. 발송인이 수취인에게 어떤 내용의 문서를 언제 보냈다는 사실을 증명해야 하므로 사본을 우체국에 남기는 등기 발송을 전제로 한다.

상대에게 보내는 통보의 성격을 가지고 있다. 내용증명을 발송했다고 당장 법적 효력이 발생하는 것은 아니지만 차후 임차권등기명령 신청 등에 대비하여 증거 확보 차원에서 필요한 절차다. 민사소송 시에는 법원 제출을 통해 증거로서의 효력을 띤다.

임대차와 관련해서는 계약 만료일로부터 최소 1~3개월 전에 임대인에게 재계약 여부를 알려줘야 한다. 하지만 내용증명 발송으로 임대인과 불편한 관계가 되고 마찰이 생길 수도 있다. 부정적인 인식이 크기 때문이다. 때문에 임차인 입장에 내용증명 발송은 양날의 검과 같다.

그렇다고 아무런 이야기를 하지 않으면 계약 종료일 경과와 함께 묵시적 갱신의 상태가 되어 임차인이 난처한 상황에 처할 수 있다.

마찰을 피하고 싶다면 임대인에게 휴대전화 문자를 보내 증빙자료를 만드는 것도 한 방법이다. '안녕하세요. 서울시 △△구 △△동 △△△번지에 임차한 ○○○입니다. 20△△년 △월 △일 임대차 만료로 이사를 가려 합니다. 계약 종료일에 맞춰 보증금 반환을 부탁드립니다.'라고 발송하면 된다. 구체적으로 내용을 기입하여 2회 이상 발송하는 게 좋다.

임대 만료 전까지 답변이 없으면 내용증명 발송과 임차권등기명령 신청을 순차적으로 진행하면 된다.

임대 계약 만료와 관련해 내용증명을 보낼 때는 재계약 거부 의사 및 보증금 반환이 미루어지는 경우 법적인 절차를 밟겠다는 입장을 분명히 해야 한다. 내용증명은 사실관계 정립이라는 효과와 더불어 임대인을 심리적으로 압박하는 효과가 있다.

내용증명 작성 예

내용증명서

[수신인]
주　소:
성　명: 임대인

[발신인]
주　소:
성　명: 임차인

제목: 임대차 계약 종료 및 임차보증금 반환 요청 통보

[계약 부동산의 표시]
소재지:
해당 부동산:　　　　　/ 계약서상 면적:　　　m^2

[계약의 내용]
계약 기간:　　　　년　월　일 ~　　　년　월　일(총　개월)
계약일:　　　년　월　일
보증금:　　　　　　　(₩　　　　　　　　)

1. 본인은 귀하와 상기의 계약 내용대로 임대차 계약을 체결한 바 있습니다. 그러나
　　　년　　월　　일 임대차 계약이 종료되었음에도 상호 아무런 의사 표시
없이 자동으로 계약이 연장되어 묵시적 갱신 상태로 진행된 바 있습니다.

2. 본인은 사정상 위 임대차 계약을 종료하고자 지난　　　년　월 말부터 임대
종료에 대한 의지를 계속 보여드렸으나 보증금 반환에 대한 답변을 주지 않고 계
시기에 본 내용증명을 발송합니다.

묵시적 갱신의 경우에는 현행 법률상 아래와 같은 해지 조항이 있습니다.
주택임대차보호법 제6조의 2(묵시적 갱신의 경우 계약의 해지)
① 제6조 제1항에 따라 계약이 갱신된 경우 같은 조 제2항에도 불구하고 임차인은
언제든지 임대인에게 계약 해지를 통지할 수 있다.
② 제1항에 따른 해지는 임대인이 그 통지를 받은 날부터 3개월이 지나면 효력이 발
생한다.

3. 귀하께도 사정이 있겠으나 본인도 다른 주택의 임대차 계약을 맺어야 하는 상황
이므로　　　년　월까지 미지급된 임대보증금　　　원(₩　　　　)을 지급
하여 주시기 바랍니다.

4. 보증금을 지급하지 않을 경우 부득이하게 법적 절차를 통해 반환받을 수밖에 없
고, 이로 인해 현재 계약 예정인 사업장에 문제가 발생될 경우 그 부분에 대한 손
해배상(계약금, 부동산 비용, 이사 비용, 손해 금액에 따른 이자 비용 등) 청구도
진행될 수 있으니 이 점 양지하여 주시기 바라며, 일정에 대해서는 납득할 수 있는
범위 내에서 조정도 가능하오니 꼭 미리 연락주시기 바랍니다.

5. 본 내용증명서를 발송하는 것은 서로 간의 의사 표현을 서면상으로 하는 것이 현
명할 것으로 판단되어 발송하는 것이오니 부디 너그러운 마음으로 이해해 주시기
바랍니다.

년　　월　　일

이름　임차인　(인)

내용증명을 작성할 때는 단순히 '내용증명'이라고 제목을 쓰기보다는 '계약해지 통지서', '보증금 반환 요구서'와 같이 구체적인 상황에 통지서/요구서와 같은 말을 붙여서 제목을 작성한다.

본문 작성은 구체적인 진술서의 개념이 아니기에 육하원칙에 맞춰 핵심만 간결하게 쓰면 된다. 사실관계를 잘못 기재하거나 불필요한 내용을 담았다가는 오히려 법적 분쟁 시 불리해질 수 있다. 문구 하나하나에 조심하도록 한다.

내용증명 발송은 복사본을 포함해 3부를 만들어 발신인 이름에 날인한 뒤 우체국에 가서 내용증명으로 보내달라고 하면 된다. 우체국에서는 3부의 문서가 같은 내용인지 확인 도장을 찍어 1부는 돌려주고 1부는 우체국이 보관하고 1부는 상대편에게 보낸다. 용지가 2매 이상이면 반드시 중간에 간인하도록 한다.

발송한 내용증명은 우체국에서 3년간 보관하게 된다. 요즘은 인터넷 우체국을 통해서도 내용증명을 발송할 수 있다.

주의할 사항은 한 번 보낼 때 한 명의 수신인에게 하나의 사건에 대한 내용증명만 발신이 가능하다는 점이다. 한 번에 두 명 이상의 수신인에게 보낸다거나 같은 수신인이더라도 2가지 내용 이상의 내용증명을 보낼 수는 없다.

해외 발신은 불가능하며 해외에서 국내로의 발송도 안 된다. 다만 국내에 거주 중인 외국인이라면 국내에서 보내는 내용증명이 가능하다.

32. 환산보증금으로 상가임대차 보호를 받자

환산보증금은 보증금과 월세 환산액을 합한 금액을 말한다. 상가건물임대차보호법의 적용을 받을 수 있는 일종의 기준 금액이다. 영세 자영업자를 보호한다는 취지에서 도입되었다.

상가건물을 임차하여 창업할 때 임대차보호법의 보호를 받으려면 가장 먼저 확인해야 하는 것이 환산보증금이다. 원칙적으로 상가건물임대차보호법은 사업자등록 대상이 되는 상가건물의 환산보증금 이하에 한해 적용된다.

상가건물임대차보호법 제2조에서 적용 범위를 규정하고 있다. 지역별 환산보증금 기준액이라는 것이 있다. 이 액수를 기준으로 세입자 보호 범위를 구분하고 있다. 지역별로 금액이 다르고 해가 지나면서 기준액이 변동되고 있다.

지역별 환산보증금 보호 범위(2019. 4 개정)

지역	환산보증금 기준액
서울	9억 원
과밀억제권역 (부산, 인천, 의정부, 성남 등 수도권)	6억 9,000만 원
광역시(부산, 인천 제외), 세종특별자치시, 안산시, 용인시, 김포시, 파주시, 화성시, 광주시	5억 4,000만 원
그 밖의 지역	3억 7,000만 원

환산보증금 보호 범위를 통해 소상공인은 임대료 인상률의 상한 제

한(최대 5%) 및 우선변제권을 받게 된다. 또한 인도받은 상가건물에 사업자등록을 하고 관할 주민센터를 통해 확정일자를 받아 두면 해당 건물이 경매에 처해지더라도 일반 채권자보다 우선변제를 받을 수 있다.

환산보증금 계산 예

구분	경기도 용인시	
	계약 A	계약 B
보증금	7,000만 원	1억 2,000만 원
월세	480만 원	300만 원
환산보증금	5억 5,000만 원	4억 2,000만 원

환산보증금은 '보증금 + (임대료 × 100)'으로 계산한다. 월세에 100을 곱한 금액에 보증금을 더한 금액이다. 예를 들어 경기도 용인시에서 사업장을 운영하는데 보증금 3,000만 원에 월세가 100만 원이라고 가정해 보자. 환산보증금은 '3,000만 원 + (100만 원 × 100)'으로 1억 3,000만 원이 된다.

2019년 기준 용인시의 환산보증금 보호 금액은 5억 4,000만 원이다. 표에서 계약 A는 '7,000만 원 + (480만 원 × 100) = 5억 5,000만 원'으로 환산보증금의 범위를 넘어서 상가임대차보호법의 적용을 받을 수 없다. 계약 B는 '1억 2,000만 원 + (300만 원 × 100) = 4억 2,000만 원'으로 환산보증금의 범위 이내에 해당되어 적용을 받을 수 있다.

상가건물임대차보호를 받기 위해서 계약 때 보증금을 올리고 월세를 낮추는 것도 방법이 될 수 있다.

구분	환산보증금 기준 이하	환산보증금 기준 초과
대항력	적용	적용
계약갱신 요구권	적용	적용
우선변제권	적용	적용 제외
임차권등기명령	적용	적용 제외
묵시적 갱신	적용	적용 제외(민법 적용)
임대료 인상	5% 적용	상한 제한 없음

환산보증금이 기준을 초과해 상가건물임대차보호법의 범위를 벗어나면 민법 적용 대상이 되어 임차인에 대한 보호가 취약해진다. 환산보증금을 초과하면 임대료 인상의 상한선 제한 및 우선변제권의 보호도 받지 못한다. 이때 전세권 설정 등의 대비책을 고려해 봐야 한다.

하지만 환산보증금의 범위를 초과해도 계약갱신 요구권, 대항력, 권리금 보호 규정은 적용된다.

환산보증금제도는 혜택을 받지 못하는 임차인을 위해 단계적으로 개선될 예정이다. 소상공인을 100% 보호하겠다는 취지다. 법의 개정 시점을 확인하여 환산보증금을 계산해 봐야 할 것이다.

33. 임대인에게 임대차 해지 의사를 밝혀야 한다

폐업을 결정했다면 임대차 기간 6개월 전부터 1개월 전까지 임차인은 임대인에게 계약을 갱신하지 않겠다는 의사를 알려야 한다.

갱신 거절 통지가 없다면 동일한 조건으로 임대차 계약이 갱신된 것으로 간주되는데, 이를 묵시적 갱신이라고 한다. 이때 계약 기간과는 무관하게 최소 임차 기간만큼 연장된다. 상가의 최소 임차 기간은 1년이다.

상가건물임대차보호법 제9조 제1항에 의해 임대차 기간을 1년 미만으로 정한 임차인은 선택적으로 1년 미만 또는 1년의 임대차 기간을 주장할 수 있다.

묵시적 갱신 기간 중에는 임차인에게 중도해지권이 있어 해지 의사 통지 후 3개월 뒤에는 건물에서 나갈 수 있다. 보증금도 같은 시기에 받을 수 있다. 이와 관련해 상가건물임대차보호법 제10조 5항에 '임차인은 언제든지 임대인에게 계약 해지를 통고할 수 있고, 임대인이 통고를 받은 날로부터 3개월이 지나면 효력이 발생한다.'라고 규정되어 있다.

환산보증금 기준을 초과하면 상가건물임대차보호법이 아닌 민법의 '묵시적 갱신'이 적용된다. 임차인은 민법 제635조의 규정에 의해 계약 해지를 통고할 수 있으며, 임대인에게 계약 해지 의사 전달 후 1개월이 지나면 계약이 종료된다. 반대로 임대인이 임차인에게 계약해지 의사를 전달하면 임차인이 그 통고를 받은 날로부터 6개월이 지나면 계약이 종료된다.

갱신 거절에 대한 통지는 도달주의에 의해 임대인에게 의사가 전달될 시점을 기준으로 한다. 간혹 임대인이 통지를 못 받았다고 하여 묵시적 갱신으로 진행되는 경우도 있다. 혹시 모를 분쟁에 대비하여 해지의사에 대한 문자메시지, 내용증명 등의 증빙자료를 남겨 놓는 게 좋다.

건물 임대차계약 갱신 거절 통지서

[부동산의 표시]
주 소:
임대인: 귀하

본인은   년   월   일에 귀하와 임대차 기간   년   월   일부터
      년   월   일까지 보증금   원, 월임대료   원으로 하는 임대차 계
약을 체결한 바 있습니다.
본인은 위 계약이 종료되면 이사할 예정에 있기에 귀하와 더 이상 계약을 갱신할 의사가
없습니다.
이에 귀하와 체결한 위 임대차 계약의 기간이 종료되는   년   월   일 건물을 귀
하에게 인도할 예정이니 인도와 동시에 보증금   원을 반환해 주시기 바랍니다.

             년   월   일

         임차인   (인)

임차인의 입장에서 양도 · 양수를 기다린다면 묵시적 갱신이 유리할
수도 있고 불리할 수도 있다. 유리한 점은 양수인 확보를 위한 기간을
얻을 수 있고, 불리한 점은 양수인을 확보하지 못한 경우 3개월을 묶여
있어야 한다. 묵시적 갱신 기간을 잘 활용해야 할 것이다.

34. 권리금을 보호받는 방법

상가건물을 임차해 사업을 하는 사람은 시설물을 포함해 고객들까

지 그대로 인수하고자 하는 새로운 임차인에게 권리를 넘겨주는 명목으로 일정한 권리금을 받곤 한다.

권리금에는 시설물 외에 영업상 노하우, 상권 형성에 따른 영업상 이점 등 무형의 가치가 포함된다. 권리금에 대해서는 상가건물임대차보호법 제10조의 3에도 정의가 나와 있다. 하지만 상인들 사이에 협의되는 금액이기 때문에 법률적으로 보장이 되진 않는다.

권리금은 기존 임차인이 새로운 임차인에게서 받는 방식으로 이루어진다. 하지만 양도인과 양수인의 시각 차이로 인해 액수가 쉽게 결정되지 않는 경우가 많다.

권리금은 우리나라 상가 매매의 독특한 관행으로 여러 문제점을 안고 있다. 권리금 산정 또한 정확한 기준이 없다는 것이 현실이다. 외국에서는 우리나라와 같은 의미의 권리금 제도는 없지만 임차인이 쌓아온 영업 가치를 보장하는 법적 장치가 대부분 존재한다.

서울시 상가건물 임대차분쟁조정위원회가 조사한 바에 따르면 건물주와 임차인 분쟁의 갈등 원인 중 권리금이 36.8%로 1위였다. 권리금은 흔히 '폭탄 돌리기'에 비유된다. 임차 상인들 간에 점포를 양도·양수하는 과정에 임대인이 바뀌거나 계약 갱신 거절을 당하거나 재건축 등의 이유로 폭탄이 터지듯 허공에 날아갈 수도 있는 금액이기 때문이다. 임대차 해지 과정에 임대인이 임차인에게 권리금을 회수할 기회를 주지 않아서 발생하기도 한다.

상가건물임대차보호법에서는 임대인이 임차인의 권리금 회수를 방해하지 못하게 규정하고 있다. 이를 위반했을 때는 임차인이 입은 손해를 임대인이 배상하도록 함으로써 임차인의 권리금이 보호되도록 한 조항이다.

권리금 방해 행위 중 가장 빈번한 사례는 임대인이 신규 임차인에게 지나친 고액의 임대료와 보증금을 제시해 신규 임차인이 계약을 포기하게 만들거나 임대인 본인 또는 가족이 건물을 사용하겠다면서 신규 임차인과의 계약을 거절하는 일이다. 실제로 이런 일은 종종 발생한다.

이외에 재건축 계획을 핑계로 신규 임차인과의 계약을 거절하는 사례도 있다. 재건축, 재개발로 건물이 철거되는 경우에는 신규 임차인이 없기 때문에 권리금 회수 기회 보장 사유에 해당하지 않기 때문이다. 이때는 재건축으로 인한 임대차 종료에 대한 증거를 남겨 두어야 한다. 차후 재건축을 하지 않을 시 소송을 통해 권리금을 회수할 수 있다.

임대인이 상가임대차보호법상의 권리금 회수 규정을 위반했다면 임차인은 임대인으로 인한 손해 책임을 따질 수 있다. 하지만 임대차가 종료된 날부터 3년 이내에 손해배상 청구를 하지 않으면 시효가 완성되어 소멸된다.

권리금 회수를 임대인이 방해한 데 대한 손해배상을 청구하려면 임차인은 이를 입증해야 한다. 그러므로 방해 행위를 판단할 때는 부동산 전문 변호사와 미리 상담하는 게 좋다.

권리금에 대한 손해배상액은 임차인이 신규 임차인과의 계약을 통해 받기로 했던 권리금과 임대차 종료 당시에 객관적으로 형성되어 있던 권리금 중 낮은 금액이 상한 금액이 된다.

임대차 종료 당시 객관적으로 형성되어 있던 권리금 액수는 시설, 비

품, 거래처, 신용, 영업상의 노하우, 상가건물의 위치에 따른 영업상의
이점 등 유무형의 재산적 가치를 객관적으로 평가하여 결정된다. 국토
교통부(https://www.molit.go.kr)에서는 권리금 산정의 기준을 고시로 정
하고 있으며, 최종적인 권리금 액수는 손해배상 소송 때 법원이 정하는
감정인의 감정을 통해 결정된다.

간혹 상가건물임대차 계약을 하며 '임차인은 권리금을 주장할 수 없
다.'라는 특약을 넣은 경우가 있다. 상가건물임대차보호법 제15조에서
는 '이 법의 규정에 위반된 약정으로서 임차인에게 불리한 것은 효력
이 없다.'라고 규정하고 있다.

하지만 위반된 약정일지라도 유효한 때가 있다. 임대인이 점포의 상
당한 시설을 설치하면서 '임차인이 나갈 때 권리금을 주장하지 않기
로 한다.'라고 약정했거나 임대인이 임대료를 상당 기간 면제해 주면서
'특정한 상황에 임차인이 사업장을 비운다.'라고 약정한 경우다.

3기 임대료 연체 예

비교	미지급 월임대료				
	5월	6월	7월	8월	합계
A	0	50만 원	50만 원	50만 원	150만 원
B	30만 원	30만 원	30만 원	30만 원	120만 원

사업장을 운영하다 보면 매출이 저조해 임대료를 늦게 내거나 연체
하는 일이 생길 수 있다. 그렇더라도 권리금 보호를 받으려면 임차인이
지켜야 할 규정이 있다. 3개월치 이상 임대료를 연체하면 안 된다. 상가

건물임대차보호법 제10조의 8에 의해 이를 어기면 임대인은 임대차 계약을 해지할 수 있고, 임차인은 임대차 기간을 보호받을 수 없게 된다.

예를 들어 월임대료가 50만 원인 점포가 있다고 가정해 보자. 3개월치 연체금을 합하면 150만 원이 된다. A의 경우는 3기 임대료 연체에 해당되고, B의 경우는 4개월 동안 조금씩 연체되었지만 3기 연체에 해당되지 않는다.

하지만 민법 제640조는 상가건물임대차보호법과 달리 '임차인의 임대료 연체액이 2기의 액수에 달할 때는 임대인은 계약을 해지할 수 있다.'라고 규정되어 있다. 임대료 연체와 관련해 소송이 벌어지면 민법에 해당하게 된다. 그러므로 임차인 입장에 불이익을 당하는 일이 없도록 임대료 연체가 2기 이상 되지 않도록 해야 한다.

임대인이 해지권을 행사할 수 있는 요건은 임대료 2기의 연체이고, 계약 갱신 요구에 대한 거절 사유 중 하나는 3기의 임대료 연체액이다. 법적인 권리 보호를 받으려면 임대료를 정상적으로 내야 한다.

35. 바닥권리금은 예상 매출이 관건이다

바닥(지역)권리금은 사업장이 좋은 상권 내의 좋은 위치에 입지하고 있어서 형성되는 금액이다. 지리적, 장소적, 위치적 유리함에 따른 혜택으로 기본 매출이 보장된다는 면에서 이해되지만 조심해야 할 부분도 있다. 법원 감정 시에는 유형재산과 무형재산의 가치만 인정하기 때문에 법적으로는 바닥권리금이 인정되지 않는다.

바닥권리금은 장소적 유리함에 따른 사업장의 예상 매출과 순이익, 주변의 시세에 따라 결정된다. 하지만 사실상 근거를 찾기란 쉽지 않다.

그럼에도 상권의 특성 및 형태에 따라 몇 백만 원에서 수억 원까지 형성되는 게 바닥권리금이다. 점포가 위치한 지역적 특성에 기인하는 일종의 '프리미엄 자릿값'이다.

가시성과 접근성, 편의성이 좋은 위치에 소재한 밀집 상권, 역세권, 대학가, 대단위 아파트 단지, 신도시의 중심 상업 지역에 속하면서 상가 빌딩이 다수 지어진 곳 등에는 일정한 액수의 바닥권리금이 형성되어 있다고 보면 될 것이다.

가장 중요한 부분은 유동인구지만 그보다 중요한 것은 위치와 주변 시설과의 상관관계이다. 일부 신축 상가의 임대인들은 새로 들어오는 임차인에게 수천만 원에서 억 대에 달하는 바닥권리금을 요구하기도 한다.

그렇다 해도 무형의 권리금이므로 만약 임대인이 바닥권리금을 요구한다면 계약서에 명시해 근거를 남기는 것이 좋다. 부동산중개업소나 분양 영업사원이 요구하는 권리금에 대해서는 지불할 필요가 없다.

36. 시설권리금은 감가상각되는 금액이다

시설권리금은 영업 시설이나 비품 등 형태가 있는 자산을 인수할 때 그 대가로 지불하는 권리금이다. 창업할 당시의 내·외부 인테리어, 집기, 비품 및 주방기기 등과 같이 주로 시설물에 대한 투자를 현재 가치로 환산해 보전해 주는 것이다.

시설권리금은 동종 업종 간의 매매 때 가장 높은 금액으로 거래되며 감가상각한 후에 금액 결정이 이루어진다. 설치한 때로부터의 경과, 노후 정도에 따라 큰 폭으로 감가상각이 이뤄진다.

시설에 대한 감가상각은 기존 점포의 창업일로부터 소비자 트렌드 변화와 시설물 교체 시기를 감안하여 통상 3년을 기준으로 잡는다. 1년 단위로 약 30% 정도의 비율로 감가상각하는 것이 관행이다. 3년이 지나면 시설권리금의 가치를 0원으로 본다. 유행에 둔감한 업종은 15~20%의 감가상각을 적용하기도 한다.

예를 들어 시설비로 6,000만 원을 투자하고 2년간 영업한 후 양도할 때 잔여 시설에 대한 적정 권리금은 30%인 1,500~1,800만 원 수준이다. 하지만 무조건적인 것은 아니다.

기기 · 집기는 상태에 따라 금액이 삭감될 수 있다. 시설을 험하게 사용해 파손되었거나 사용이 어렵다면 시설권리금을 받지 못할 수도 있다. 연수와 관계없이 사용 상태를 보기 때문이다. 유행이 심한 업종은 시설권리금 중 기기에 대한 권리금만 인정되기도 한다. 신규 임차인이 인테리어 시설을 다시 해야 하기 때문이다.

초기 시설에 대한 투자비가 많았더라도 잔존 시설에 대한 가치는 떨어질 수밖에 없다. 폐업 시점에서는 초기 시설 투자금액에 대한 미련을 버려야 한다. 시설권리금을 제대로 받고자 한다면 고장나거나 이상이 있는 기기는 A/S를 통해 수리해 두는 것도 방법이다.

시설권리금은 유사 업종이 들어올 때 더 가치있게 인정받을 수 있으며 음식점에 소매점이 입점하는 등 타 업종이 입점하면 전혀 인정받지 못하게 된다. 적당한 타협점을 찾아서 진행해야 할 것이다.

37. 영업권리금은 영업의 활성화 비용이다

영업권리금은 영업상의 노하우, 거래처 명단 등을 넘겨주는 대가로 받는 권리금이다. 기존의 임차인이 사업장을 운영하면서 적지 않은 단골고객을 확보하고 영업에서 수완을 발휘해 꾸준히 매출을 올리고 있다는 사실을 인수자가 인정해야 권리금이 발생된다.

보통은 신규 창업자가 사업의 위험을 피하고 안정적인 위치에서 시작하고자 할 때 영업권리금을 주고 입점하게 된다. 해당 사업장을 그대로 인수하더라도 일정한 수준의 매출을 보장받을 수 있기 때문이다.

영업권리금은 기존 임차인의 매출 장부에 기록되어 있는 실적이 우선 근거가 되겠지만 그것만으로는 모호할 수 있다. 일방적으로 산출한 매출액은 근거자료로 활용할 수 없기 때문이다. 그것에 더해 '부가가치세 과세표준증명원'을 찾아보는 게 더 정확하다.

부가가치세 과세표준증명원은 사업자가 특정 기간 신고한 부가가치세 매출과세표준과 납부한 세액을 증명하는 서류다. 사업자가 1년 동안 매출을 신고한 증명 문서는 매출에 대한 정확한 근거자료가 될 수 있다. 은행에서 사업자에게 대출을 할 때 소득을 확인하는 서류로도 활용된다.

영업권리금은 평균적으로 발생하는 순이익을 기초로 한다. 순이익은 임대료와 인건비, 공과금 등 지불해야 하는 각종 비용을 제외한 나머지 금액이다. 최근 6개월에서 1년간의 순이익이 얼마인가를 기준으로 영업권리금을 산정하는 게 흔한 방법이다.

계산식은 '월평균 순이익 × 6개월 또는 12개월'이다. 예를 들어 월평균 순이익이 300만 원이라고 가정해 보자. '300만 원 × 6개월'을 기준으로 삼는다면 영업권리금은 1,800만 원이 된다.

동종 업종은 고객연락처 및 주소 등도 영업권리금에 넣는 경우가 많다. 운영하는 동안 쌓은 고객 데이터도 중요한 가치를 가지기 때문이다. 배달 업종은 신규 고객정보를 확보하는 데 시간이 오래 소요되기에 이를 인수받기도 한다. 야식점이나 재료 납품점의 고객망 등이 이에 속한다. 동종 업종일 경우에 해당되며 타 업종이 들어올 경우에는 인정받기 어렵다.

법원에서는 임대차 계약 종료일을 기준으로 최근 3년간 영업실적의 평균치로 영업권리금을 산정한다. 3년 내내 실적이 좋지 않았다면 영업권리금을 받기 어렵다.

38. 권리금 회수 절차를 알아야 제대로 받는다

기존 임차인이 신규 임차인에게 점포에 대한 권리금을 받으려면 단계별로 해야 할 일들이 있다. 그래야 권리금 회수가 순조롭다.

먼저, 임차인은 임대차 계약 종료 시점으로부터 6개월 전에 임대인에게 재임대 여부를 확인해야 한다. 재건축, 재개발 등으로 재임대가 불가능할 수 있기 때문이다. 재임대가 가능하다면 해당 사업장을 부동산중개업소나 인터넷 중개사이트 등에 매물로 내놓는다.

적극적인 자세로 양수인을 확보해야 한다. 양수인은 기존 임차인의 권리금 회수 기회의 한정된 기간을 압박하여 권리금을 깎으려 할 것이다. 여러 점포를 돌아보고 있을 양수인에게는 촉박한 시간이 아니기 때문이다. 생각보다 권리금이 만족스럽지 않아도 상황에 맞게 대처해야 한다. 기회를 놓칠 수도 있기 때문이다.

양수인이 나타나면 월임대료, 보증금의 주변 시세, 임대인 성향 등 사업장과 관련된 모든 정보를 양수인에게 알려줘야 한다. 양수인이 사업장 임대 조건에 대해 임대인과 추가적인 협의가 필요할 수 있기 때문이다.

금리금에 대한 합의가 이루어지면 양수인과 권리금계약서를 작성한다. 상가 권리금이 제도화되면서 국토교통부에서는 권리금계약서 표준안을 배포하고 있다. 국토교통부의 표준계약서를 사용하면 된다.

권리금 계약이 체결되면 그 내용과 신규 양수인에 대한 정보를 임대인에게 알린다. 상가건물임대차보호법 제10조의 4 제5항에서 '임차인은 주선한 신규 임차인이 되려는 자의 보증금 및 임대료를 지급할 자력 또는 그밖에 임차인으로서의 의무를 이행할 의사 및 능력에 관해 자신이 알고 있는 정보를 임대인에게 제공하여야 한다.'라고 규정하고 있다.

이후 임대인에게 신규 임차인과 임대차 계약을 체결해 줄 것을 요청하면 된다. 이때 문자메시지, 내용증명 등과 같이 문서를 통해 임대인이 임차인으로부터 신규 양수인을 소개받았음을 입증할 수 있는 방식으로 통지하는 게 좋다.

간혹 임대인이 주변 시세에 비해 도저히 받아들일 수 없는 고액의 보증금과 월임대료를 요구해 신규 양수인과의 계약이 파기될 때가 있다. 이는 '권리금 회수 방해 행위'에 해당한다.

상가건물임대차보호법 제10조의 4 제3항에 의하면, 임대인이 권리금 회수 금지 행위를 위반하여 임차인에게 손해를 입혔을 경우에는 그 손해를 배상할 책임이 있다.

임대인이 권리금 회수에 협조하지 않는다면 임차인은 손해배상 책임을 묻겠다는 것을 내용증명 등으로 통지해 두자. 그런 후 법원에 손해배상의 소를 제기하여 감정평가에 따른 권리금액을 배상받을 수 있다.

임대인과 신규 임차인이 만나서 임대차 계약을 체결하면 기존 임차인은 신규 임차인으로부터 미리 약정한 권리금을 회수할 수 있다.

건물이 재건축 또는 재개발 예정이라면 권리금을 받지 못할 수 있다. 전체 권리금 분쟁 사례 중 3분의 1 가량을 차지하는 게 이런 경우다. 건물의 멸실은 새로운 임차인이 있다고 볼 수 없기에 권리금을 받을 방법이 없다. 재건축에 대한 정확한 사실관계, 임대 여부부터 확인하고 권리금 회수를 진행해야 한다.

39. 상가임대차 분쟁은 분쟁조정제도를 활용하자

사업장 임대와 관련해 건물주의 임대료 인상, 임차인들 간의 권리금 약정 등을 둘러싸고 갈등이 발생하는 경우가 많다. 이런 때 상가건물임대차 분쟁조정제도를 활용하면 도움이 된다. 어려운 법률문제 상담은 물론 분쟁을 조정해 준다.

주로 발생하는 분쟁은 임대료 또는 보증금의 과도한 인상, 임대차 기간, 보증금 또는 임차한 상가건물의 반환, 사업장의 유지 · 수선에 대한 책임 소재, 권리금과 관련한 분쟁 등이며, 그 외에도 정말 다양하다.

상가건물임대차보호법 제20조에 따르면, 임대차와 관련한 분쟁을 심의 조정하기 위해 대한법률구조공단의 지부에 분쟁조정위원회를 두도록 하고 있다. 또, 특별시 · 광역시 등 지방자치단체도 실정을 고려하여 조정위원회를 둘 수 있도록 하고 있다.

조정위원회는 기존의 주택임대차 분쟁조정위원회와 통합 운영하는 형태로 대한법률구조공단의 서울 · 수원 · 대전 · 대구 · 부산 · 광주 등 6개 지부에 설치되어 있다.

대한법률구조공단 지부

공단 지부	관할 구역	전화번호
서울중앙지부	서울특별시, 강원도	02-6941-3430
수원지부	인천광역시, 경기도	031-8007-3430
대전지부	대전광역시, 세종특별자치시, 충청북도, 충청남도	042-721-3430
대구지부	대구광역시, 경상북도	053-710-3430
부산지부	부산광역시, 울산광역시, 경상남도	051-711-3430
광주지부	광주광역시, 전라북도, 전라남도, 제주특별자치도	062-710-3430

조정위원회의 조정안은 분쟁 당사자들이 수락하면 별도의 법원 판결 없이 조정이 성립되는 편리한 제도다. 또, 당사자 간에 금전이나 대체물의 지급 또는 부동산의 인도와 관련해 강제집행을 수락하는 합의가 있을 때는 그 내용이 기재된 조정서에 집행력이 부여되어 법원의 판결 없이도 강제집행을 할 수 있게 된다.

분쟁 조정 신청은 관할 법률구조공단과 온라인(https://www.cbldcc.or.kr)을 통해서 할 수 있다.

서울시의 상가건물 임대차와 관련한 분쟁조정위원회는 서울시청 무교별관 3층(중구 무교로 21)에 있다. 분쟁 당사자 간의 중재를 유도하는 동시에 대안을 제시하는 방식으로 조정을 도와준다.

신청은 '상가임대차분쟁조정 신청서'를 작성해 방문 또는 이메일(yellow7@seoul.go.kr)로 접수하면 된다. 온라인 '눈물그만(https://tearstop.seoul.go.kr)' 또는 상담센터(02-2133-1211)를 이용해도 된다.

분쟁 조정은 1차적으로 상가임대차상담센터에서 상담을 통해 진행된다. 상담 후에도 해결되지 않은 갈등은 분쟁조정위원회로 전달된다. 상담센터를 통한 상담을 거치지 않고 직접 분쟁조정위원회로 접수할 수도 있다.

분쟁 조정이 접수되면 상가임대차 전문가로 구성된 상담위원이 분쟁신청인을 1:1로 심층 상담한다. 이때 당사자가 서명한 조정 조서는 민법상 화해(새로운 계약)의 효력을 갖는다.

이어서 감정평가사, 갈등조정 전문가 등으로 구성된 상가임대차 분쟁조정위원이 현장 방문과 법률적 검토를 거쳐 분쟁 중재안을 마련해

당사자들에게 제시한다.

서울시 상가임대차상담센터는 분쟁 상담 외에 임차인과 임대인의 권익 보호와 법령지식 자문, 권리관계 해석, 임대 기간 및 임대료 인상 문제, 재계약 문제, 퇴거 시 보증금 반환, 우선변제, 권리금 회수 기회 보호 등 다양한 정보를 무료 제공한다.

경기도에도 같은 서비스를 하는 '경기도 상가건물임대차 분쟁조정위원회'가 있다. 상담 신청은 전화(031-120, 031-8008-2234), 방문(경기도 수원시 팔달구 효원로 1 구관 1층 무료법률상담실), 인터넷(https://www.gg.go.kr/freelaw)을 통해서 할 수 있다.

상담 시간이 매주 금요일 오후 2시부터 5시까지로 일주일에 한 번뿐인 건 아쉽다. 전화 상담 후 더 필요하면 예약을 통해 방문 시간을 정하는 게 좋을 것 같다.

6장 _ 폐업신고 및
세무신고

사업이 부진하여 매출이 없어도
폐업신고 및 세무신고는 해야 한다.
폐업을 하면서 세무신고를 하지 않으면
차후 가산세 등 예기치 않은 불이익을 당할 수 있다.
자금 사정으로 세금을 납부하기 어렵다 할지라도
신고는 해야 불이익을 피할 수 있다.
부가가치세 매입 세액을 공제받지 못하거나
적자가 났더라도 그 사실을 인정받지 못하고
가산세 등을 추가 부담하게 되어
세금 부담이 크게 늘어날 수 있다.

40. 폐업신고 간소화로 한 번에 신고한다

사람이 죽으면 주소지 관할 주민센터에 사망신고를 하는 것처럼 사업자등록증을 가진 사업자가 폐업하면 사업장 관할 기관에 폐업신고를 해야 한다.

그동안 폐업신고는 인·허가 관청인 구청과 사업자등록 관청인 세무서에 각각 해야 하는 번거로움이 있었다. 폐업한 날로부터 20일 이내에 시장·군수·구청장에게 폐업신고서를 제출해야 하고, 부가가치세법 시행령 제13조에 따라 관할 세무서에도 폐업신고를 해야 했다.

이런 불편을 해소하기 위해 정부는 간소화 서비스를 실시하고 있다.

시·군·구청 또는 세무서 중 한 곳만 방문하여 폐업신고서를 제출하면 된다. 이를 통합폐업신고라고 한다.

민원 처리에 관한 법률 제14조 및 동법 시행령 제12조 제8항에 따라 다른 행정기관을 이용한 민원의 접수 및 교부가 가능해졌기 때문이다. 폐업신고 간소화 대상 업종은 49개의 생활밀접형 업종, 138개의 세부 업종으로 구성되어 있다. 행정안전부 홈페이지의 '어디서나 민원처리제 운영지침'을 참고하면 된다.

단, 폐업신고 간소화 서비스는 직접 방문 시에만 적용되며 온라인으로는 접수할 수 없다. 업종에 따라 준비 서류가 다를 수 있으므로 해당 기관에 문의하여 준비한 뒤 방문하면 된다.

보편적으로는 통합폐업신고서를 작성한 후 영업신고(등록·허가)증 원본, 사업자등록증 원본, 신분증(법인의 경우 법인등기부등본, 법인인감증명서, 법인인감도장 추가 구비)과 함께 사업장 관할 시·군·구 또는 세무서에 제출하면 된다.

식품관련 업종 등 일부 업종은 폐업신고 때 영업등록증(신고) 등을 분실하여 제출하지 못할 때가 있다. 등록증 분실 사유를 작성하면 서류 제출 의무를 면제해 준다.

세무서를 통해 폐업신고를 할 때는 '부가가치세 확정신고서'에 폐업 연월일 및 사유를 기재하고 사업자등록증을 첨부해 제출하면 별도로 폐업신고서를 작성하지 않아도 폐업신고를 한 것으로 간주한다.

제출한 폐업신고서와 구비 서류는 관할 시·군·구(폐업신고 처리과)에서 보관하며, 영업신고서와 구비 서류(영업허가증 등)는 세무서에서 보관한다.

한 가지 더. 폐업신고를 했다고 사업 관련 장부를 폐기하면 안 된다. 세법상 장부 보관 의무 5년이라는 기한이 있어서 폐업 전에 작성한 장부는 최소 5년간 보관해야 한다. 폐업 이후 세무조사 등이 나올 경우에 대응하기 위해서라도 가지고 있어야 한다.

폐업신고는 꼭 제때 해야 불이익을 당하지 않는다. 예를 들어 음식점이 폐업신고를 하지 않으면 식품위생법에 따라 위생 교육 불참 과태료 20만 원, 등록면허세와 지방세 1만 8,000원~4만5,000원 등의 과태료가 부과될 수 있다.

그리고 중소기업청의 사업정리컨설팅 지원 등 폐업과 관련한 기관의 도움을 받으려면 폐업신고 이후에는 신청이 불가능하다는 것도 알아두는 게 좋다. 그러므로 필요하다면 폐업신고 이전에 도움을 요청해야 한다.

41. 온라인을 통해서도 폐업신고를 할 수 있다

폐업하면서 관련 기관을 방문해 폐업신고서를 제출하는 것을 번거롭게 여겨 방치하는 사람들이 종종 있다. 그래서는 행정상 영업 지속 상태가 되어 뜻밖의 세금이나 과태료가 나와 불이익이 될 수 있다. 속된 말로 망한 것도 억울한데 돈까지 물어서야 되겠는가.

관할 지자체 관청이나 세무서를 직접 방문하지 않고 온라인을 통해서도 쉽게 폐업신고를 할 수 있다. 국세청 홈택스(https://www.hometax.

go.kr)에서 인터넷으로 폐업신고가 가능하다. 공인인증서 인증 후 휴업(폐업)신고서를 작성해 제출하면 된다.

이용 방법은 홈택스 로그인 신청/제출 신청 업무 휴·폐업신고 신고서 작성 신청하기 순이다.

사업자등록증이 여러 개라면 기본 인적사항란에서 폐업하려는 사업자번호를 선택한다. 창이 뜨면 항목별로 서식이 요구하는 내용을 채워 넣고 신청하기를 클릭하면 된다.

홈택스를 통한 개인사업자의 휴·폐업신고는 평일(09:00~23:00), 토요일 및 공휴일(09:00~18:00) 가릴 것 없이 접수할 수 있다. 홈택스에서는 휴·폐업 신청 결과의 조회/발급도 가능하다. 민원24(https://www.minwon.go.kr)를 통해서도 폐업신고를 할 수 있다.

영업신고증 또는 영업허가증은 우편 또는 방문을 통해 별도로 제출해야 한다. 분실했을 경우에는 '해당사항 없음'에 체크한 뒤 분실 사유를 작성하면 제출하지 않아도 된다.

42. 부가세는 폐업일의 다음 달 25일 내 신고한다

부가가치세는 상품 판매, 서비스 제공 등의 과정에 발생하는 세금으로, 조세부담자(소비자)와 납세의무자(판매자나 사업자)가 다른 간접세다. 사업자의 소득세가 아니라 간접적으로 발생한 타인의 세금을 사업자가 모았다가 대신 납부하는 것으로 보면 된다.

그런 만큼 폐업을 했다 해도 타인의 세금을 사업자가 보유하고 있을 수 있으므로 부가가치세 확정신고를 통해 세금 관계를 확실히 마무리해야 한다.

부가가치세를 기한 내에 신고하지 않으면 신고불성실 가산세뿐만 아니라 납부불성실 가산세와 매입처별 세금계산서 합계표 미제출 가산세, 매출처별 세금계산서 합계표 미제출 가산세가 모두 더해져서 추징(추가 징수)된다.

부가가치세는 공급가액(판매가격)의 10%다. 예를 들면 음식점에서 1만원에 음식을 판매한다면 10%인 1,000원의 부가세가 들어 있는 것이다.

일반과세자 부가가치세 신고

폐업 시기	신고 납부 대상 기간
1기(1월 1일~6월 30일)	1월 1일~폐업일까지의 사업 실적
2기(7월 1일~12월 31일)	7월 1일~폐업일까지의 사업 실적

개인사업자, 법인사업자를 불문하고 폐업하면 사업주 혹은 법인대표는 세무서에 부가가치세 확정신고를 해야 한다. 확정신고는 부가가치세 납세의무의 확정 절차로서 사업자가 과세 기간이 종료된 후에 직전 과세 기간에 대한 과세표준 및 납부세액 또는 환급세액을 계산하여 신고하는 것이다.

폐업자의 경우는 폐업일이 속하는 부가가치세의 과세 기간 개시일로부터 폐업일까지의 사업 실적에 대해 신고한다. 신고 기한은 폐업일이 속하는 달의 말일부터 25일 이내다.

과세표준과 납부세액을 신고하고, 그 과세 기간 내에 납부해야 한다. 확정된 부가가치세는 세무서, 한국은행 또는 체신 업무를 맡아 하는 체신관서(우체국)에 납부하면 된다.

예를 들어 일반과세 개인사업자가 9월 20일 폐업한다고 가정해 보자. 과세 기간은 2기(하반기)에 속하게 된다. 부가가치세 과세 기준은 7월 1일부터 9월 20일까지이고 신고 기한은 폐업일이 속하는 달의 말일부터 25일 이내이니 10월 25일까지가 된다.

간이과세자의 경우는 산출법이 달라서 과세 기간이 1월 1일부터 12월 31일로 연간 기준이다. 위에서 예로 든 폐업자가 만약 간이과세자라면 1월 1일부터 9월 20일까지의 과세를 신고하면 된다.

기한 내에 부가가치세 신고 및 납부를 하지 않으면 다음과 같이 가산세를 추징당할 수 있다.

먼저 부가가치세 무신고 가산세(신고 불성실 가산세)가 발생한다. 부가가치세 자체를 신고하지 않으면 부가가치세를 신고하고 납부 못했을 때보다 훨씬 더 큰 가산세를 물게 된다. 그러므로 당장 납부를 못하더라도 신고는 반드시 해야 한다.

부가가치세 무신고 가산세는 '납부해야 할 부가가치세액 × 20%'로 산출된다. 기한 후에는 자진신고해도 가산세가 면제되지 않으니 기한 내 신고를 지키는 게 좋다.

부가가치세 납부 불성실 가산세도 발생한다. 신고 불성실 가산세보다는 정도가 약하지만 기한 내에 납부하지 않으면 가산세를 물게 된다. 부가가치세 납부 불성실 가산세는 '미납 부가가치세액 × 부가가치세 신고 마감일을 기준한 납세 고지일 또는 자진 납세까지의 일수 × 3/10,000'으로 산출된다.

또한 매입처별·매출처별 세금계산서 합계표 미제출 가산세도 발생한다. 부가가치세를 신고할 때 매입처별·매출처별 세금계산서 합계표를 필수 서류로 제출하게 되어 있다. 부가가치세를 신고하지 않으면 서류 역시 제출하지 않은 것이 되어서 이에 대한 가산세도 같이 추징된다. '총 매입액 × 0.5% + 총 매출액 × 0.5%'로 산출된다.

뒤늦은 부가가치세 신고나 납부여도 감면해 주는 규정이 있다. 신고 마감일을 기준으로 30일 이내에 '기한 후 신고'를 하면 추징된 가산세의 50%를 감면해 준다. 30일이 지나 6개월 이내에 기한 후 신고를 하게 되면 가산세의 20%가 감면된다.

그러니 신고 마감일을 넘겼다고 방치할 게 아니라 기한 후 신고라도 빨리 해야 가산세를 줄일 수 있다.

사정상 부가가치세를 납부하지 못할지라도 신고를 해두면 가산세 중 신고 불성실 가산세, 매입처·매출처별 세금계산서 합계표 미제출 가산세는 추징당하지 않게 된다. 그리고 신고 불성실 가산세는 자진 납부를 빨리하면 할수록 가산세 산출 시 가산되는 일수가 줄기 때문에 더 적은 가산세를 내게 된다.

부가세 확정신고를 할 때 매입·매출이 전혀 없어서 부가세 납부세액이나 환급세액이 발생하지 않더라도 신고는 해야 한다. 매입·매출이 '0'이면 부가세신고서 정중앙에 '무실적'이나 '실적 없음'이라고 기재하면 된다(신고 내용에 일일이 '0'으로 기재할 필요는 없다).

홈택스에서는 부가가치세 신고 하단의 무실적 신고 버튼을 클릭하면 전자신고로 편리하게 처리할 수 있다.

일반과세자와 간이과세자의 세무 차이

구분	일반과세자	간이과세자
매출 세액	공급가액 × 10%	공급 대가 × 업종별 부가가치율 × 10%
계산서 발급	발급 의무 있음	발급 의무 없음
매입 세액 공제	전액 공제	매입세액 × 업종별 부가가치율
의제매입 세액 공제	모든 업종에 적용	음식점업, 제조업

43. 부가세신고 때 잔존재화도 납부 대상이다

폐업할 때 부가가치세 신고와 관련해 놓치기 쉬운 것이 재고 부분이다. 폐업 때까지 팔리지 않고 남아 있는 재고물품을 잔존재화라고 하는데, 재화는 재산적 가치를 가진 모든 물품을 의미한다.

이에 세무서에서는 잔존재화를 언젠가는 판매될 것으로 간주해 폐업 시점에 미리 부가가치세를 부과한다.

부가가치세법 제10조 제6항에 '사업자가 폐업할 때 자기 생산·취득 재화 중 남아 있는 재화는 사업주 본인에게 공급하는 것으로 보고 부가가치세를 과세한다'라는 규정이 있다. 재고를 판매하지 않았지만 판매했다고 보는 것이다.

사실상 재화의 공급에 해당하는 것이 아님에도 일정한 요건에 해당하는 거래들을 세법상 재화의 공급으로 간주하는 것을 '간주 공급'이라고 한다. 부가가치세법은 재화의 공급을 과세 대상으로 규정하고 있다.

통상적으로 사업자는 사업을 하면서 물건을 취득하고 매입세액에 대해 공제받는다. 하지만 폐업 후 물건을 판매한다면 매입세액에 대한 공제만 있을 뿐 매출세액이 없는 상태가 된다. 이러한 부분을 보완하고자 잔존하는 재화를 사업주가 자기에게 공급한 것으로 간주하여 과세표준에 포함시키는 것이다.

사업주가 판매용으로 구입한 제품 또한 매출자료는 없고 매입자료만 있다면 매입자료 금액을 전부 판매한 것으로 여기고 과세하는 것이다.

과세 대상 재화가 감가상각 자산일 때는 일반적 거래 유통의 대상으로 보지 않는다. 사업자가 사용하던 중고 재화이기 때문이다. 그러므로 기간의 경과에 따라 감가평가 되어야 하지만 그 자산의 객관적인 정상 거래 가격을 산정하기 또한 어렵다.

이에 감가상각 자산의 장부가액에 관계없이 시가를 계산하는 계산식을 두고 있지만 전문가 아니면 이해하기 어렵다.

그러므로 여기서는 두 가지 방안을 제시한다. 잔존재화가 많다면 전문가에게 의뢰해 절세에 대한 도움을 받고, 그럴 만큼의 잔존재화가 아니라면 미리 처분해 남기지 말 것을 권한다. 폐업 시점에 남아 있는 재고 자산이나 집기·비품에 대해 부가가치세가 부과되는 것을 막으려면 중고센터를 통해 헐값에라도 매각하는 게 유리하다.

또 한 가지 방법은 기부를 통한 처리다. 부가가치세법 제26조에 재화 또는 용역의 공급에 대한 면세 규정을 두고 있다. 기부를 통해 재고 자산을 남기지 않으면 세금도 없다.

44. 종합소득세는 이듬해 5월에 신고한다

세금 문제를 마무리하려면 종합소득세까지 완벽하게 신고해야 한다. 종합소득세는 개인사업자가 지난해 1년간의 경제 활동으로 얻은 소득에 대해 납부하는 세금이다. 모든 과세 대상 소득을 합산한 뒤 계산하여 다음 해 5월 1일부터 5월 31일 사이에 사업장 주소지 관할 세무서에 신고·납부해야 한다.

종합소득세는 부가가치세 과세자료를 기준으로 과세한다. 신고하지 않으면 적자가 났더라도 그 사실을 인정받지 못하며 세액공제 등도 받지 못해서 세 부담이 늘어나니 정상적으로 신고하는 게 옳다.

소득세의 종류

구분	세부 구분	특징
종합소득	이자소득	채권, 예금, 적금에 대한 이자소득
	배당소득	법인 또는 단체의 배당금, 분배금
	사업소득	사업으로부터 발생하는 소득
	근로소득	근로를 제공하고 얻는 급여소득
	연금소득	각종 연금 등의 소득
	기타소득	상금, 포상금, 복권, 포상금 등의 소득
퇴직소득		퇴직금에 대한 소득
양도소득		양도에 대한 소득

개인사업자는 5월에 종합소득세 신고를, 법인사업자는 3월에 법인세 신고를 통해 소득세 신고를 해야 한다. 둘 다 1년에 한 번만 신고하고

납부하면 된다.

폐업자의 경우 종합소득세는 1월 1일부터 폐업일까지가 과세 기간이다. 10월 30일 폐업했다면 1월 1일부터 10월 30일까지의 소득에 대해 다음 해 5월 1일부터 5월 31일 사이에 종합소득세를 신고·납부하면 된다. 법인사업자의 경우는 대부분 12월말 결산 법인이므로 다음 해 3월 1일부터 3월 31일 사이에 신고·납부하면 된다.

종합소득세 신고를 하지 않으면 불이익이 따른다. 관할 세무서에서 조사해 납부세액을 결정·고지한다. 그럴 경우 각종 세액공제 및 감면을 받을 수 없으며 무신고 가산세와 납부 불성실 가산세를 추가로 부담하게 된다.

무신고 가산세는 '(산출세액 – 원천징수세액) × 20%'로, 납부 불성실 가산세는 '미납세액 × 미납일 수 × 0.03'으로 산출된다. 미납 기간은 납부 기한 다음 날부터 자진 납부일까지다.

법정 신고 기한이 지난 후에도 1개월 이내에 신고·납부하면 50%, 1개월 초과 6개월 이내에 신고·납부하면 20%의 감면을 받을 수 있다. 미처 신고를 못했다면 가급적 신속하게 신고·납부하는 것이 손실을 줄이는 방법이다.

소득세를 산출하는 과정은 상당히 복잡하다. 사업을 통해 얻는 소득인 사업소득에서부터 근로소득, 배당소득, 임대소득, 이자소득, 연금소득, 기타소득 등 여러 종류의 소득을 모두 합쳐서 세금이 부과되기 때문이다.

종합소득세 기본세율

과세표준	세율	누진공제
1,200만 원 이하	6%	–
1,200만 원 초과~4,600만 원 이하	15%	108만 원
4,600만 원 초과~8,800만 원 이하	24%	522만 원
8,800만 원 초과~1억 5,000만 원 이하	35%	1,490만 원
1억 5,000만 원 초과~3억 원 이하	38%	1,940만 원
3억 원 초과~5억 원 이하	40%	2,540만 원
5억 원 초과	42%	3,540만 원

종합소득세 산출세액은 '(과세표준 × 세율) - 누진공제'로 계산한다. 소득 구간별로 7가지의 세율이 단계별로 적용하지만 법인사업자의 경우 4개 구간으로 비교적 간단하게 구분된다.

종합소득세에 대한 세율은 '누진세율'의 성격을 가지고 있다. 누진세율이란 종합소득세 과세 구간에 따라 세율을 다르게 적용하고 각 구간에서 계산된 세액을 합치는 것을 말한다. 과세표준 구간에 따라 각기 다른 세율이 적용되기 때문에 수입이 많을수록 세율이 커진다.

누진공제는 세금 계산이 편리하도록 구간별 대상자의 공제액을 미리 뽑아 놓은 것이다. 예를 들어 과세표준 금액이 5,000만 원이라고 가정해 보자. '5,000만 원 × 24%(소득세율) - 522만 원(누진공제)'으로 산출세액은 678만 원이 된다.

법인세 세율

과세표준	세율	누진공제
2억 원 이하	10%	–
2억 원~200억 원 이하	20%	2,000만 원
200억 원 초과~3,000억 원 이하	22%	4억 2,000만 원
3,000억 원 초과	25%	94억 2,000만 원

다음 해 5월에 신고하지 않고 종합소득세를 조속히 종결시키는 방법도 있다. 부가가치세 확정신고와 함께 '소득세 수시부과' 신청을 하면 된다. 수시부과란 수시로 거주자에 대한 소득세를 부과하는 것이다.

소득세법 제82조 제1항 3호의 규정에 의하면, 수시부과를 받고자 하는 사업자는 폐업신고와 함께 폐업수시부과 신청서를 사업장 관할 세무서장에게 신청하면 수시부과를 받을 수 있다.

휴업 또는 폐업 상태에 있으면 수시부과 신청으로 과세 기간 종료 전이든 신고 기한 도래 전이든 상관없이 정부가 과세표준을 정할 수 있다.

종합소득세의 수시부과 세액은 '(종합소득 금액 − 거주자 본인에 대한 기본공제) × 기본세율'로 계산된다.

종합소득세는 말 그대로 종합적으로 소득에 대해 과세를 하는 것이므로 사업자라고 해서 사업소득만 생각해서는 안 된다. 사업소득 외에 발생할 수 있는 소득 모두에 대한 세금을 합한 것이다.

그런 만큼 부가가치세보다 신고 과정이 복잡하고 필요한 서류도 많다. 세무 전문가를 통해 부가가치세와 소득세를 한 번에 정리하는 것이 가장 좋은 방법이다.

7장_기타

사업정리 절차 외에도 해야 할 일들이 있다.
공공요금 정산, 기관의 폐업 지원을 받기 위한 서류 준비,
폐업으로 인한 경제적 어려움 극복 등이다.
경영난으로 빚을 갚기 어려운 사업자는
회생제도를 눈여겨볼 필요가 있다.
사업체의 자산이 부채보다 많을 때는
빚을 모두 갚고 청산하면 되지만,
부채가 더 많다면 파산 절차를 밟는 게 유리할 수 있다.
빚을 갚을 능력이 안 되는 사업자가 채권자에게
채권 비율대로 자산을 나눠주고 사업체를 정리하는 방식으로
빚 부담으로부터 벗어날 수 있기 때문이다.

45. 공공요금을 정산한다

사업장에 부과되던 공과금들을 내역별로 확인해 일괄 정산해야 한다. 전기, 수도, 도시가스 등이 그런 것들이다. 공과금 정산이 번거로우면 임차보증금에서 제외할 것인지 정산 후 보증금을 반환받을 것인지 임대인과 상의하여 처리하면 된다.

전기 요금은 사업정리 당일 기준으로 계량기 지침을 한국전력공사(이하 한전) 사이버지점(https://cyber.kepco.co.kr)이나 고객센터(전화 123) 또는 관할 한국전력공사 지점에 전화로 신고한 후 확인받은 요금을 납부(신용카드도 가능)하면 된다.

한전에서는 고객이 통보한 이사 지침으로 사용량을 산정(이사 지침 - 전월 지침)해 요금을 계산한다. 신규 임차인으로 인해 전기 사용자가 변경되면 그날로부터 14일 이내에 한전에 통지하면 된다. 신규 임차인이 바로 들어오지 않을 때는 폐업 일정에 맞춰 메인 차단기를 내려두어서 기본 전기도 흐르지 않도록 하는 게 좋다.

도시가스 요금은 폐업일이 결정되면 미리 지역의 도시가스회사에 연락해 도시가스 해지 신청(가스 공급 중단)을 한다. 그러면 도시가스회사의 담당 직원이 나와서 가스 차단 작업을 한다. 그 전에 임의대로 배관을 분리하거나 철거하면 안 된다. 요금 정산은 도시가스회사에 계량기 지침을 통보해 확인받은 액수를 납부하면 된다.

수도 요금은 정산을 위해 해당 지역 상수도 사업부에 계량기 지침을 통보해 주면 된다. 수도 요금에는 하수도(지하수) 사용량에 따른 하수도 사용 요금도 같이 부과된다.

전화, 인터넷도 해당 통신사에 해지 또는 이전 신고한다. 약정이 남아 있다면 위약금이 발생할 수 있다.

각 공공요금과 관련해 자동납부, 이메일 청구서 수령, 자가 검침 등 이용해 오던 행정편의가 있었다면 폐업 전에 해지해야 한다. 이 밖에 환경 분담금, 도로 점용료, 정화조 청소 등의 금액도 확인해 착오가 없도록 해야 한다.

46. 폐업사실증명서는 온라인으로 발급받을 수 있다

사업자가 폐업을 하면 의당 폐업신고를 해야 한다. 폐업사실증명서는 그 결과를 확인받을 수 있는 민원증명 서류다.

폐업사실증명서는 쓰임새가 많다. 폐업의 후속 조치로 국민연금, 국민건강보험, 고용보험, 산재보험 탈퇴 신고를 하려면 4대 사회보험공단에 폐업사실증명서를 제출해야 한다. 그래야 사업자 탈퇴 및 보험관계 소멸이 이루어진다. 폐업사실증명서는 금융기관이나 관공서, 개인회생, 파산, 면책 제출용으로도 사용된다.

폐업사실증명서는 세무서에서 발급받는 게 보통이지만 온라인을 통해서도 발급받을 수 있다. 홈택스, 민원24, 정부24 사이트를 이용하면 행정기관을 방문하지 않고도 프린터 출력할 수 있다.

이용 방법은 위 사이트 중 한 곳에 접속해 메뉴를 찾은 후 화면에 나타나는 안내를 따르면 된다. 단, 증명서 출력을 위해 컴퓨터에 반드시 프린터가 연결되어 있어야 한다. 프린터 중에는 발급이 불가능한 모델도 있으니 미리 사이트에 접속해 확인해 보는 게 좋다.

참고로 사업과 관련해 인터넷으로 발급받을 수 있는 서류는 다음과 같다. 사업자등록증명서, 휴업사실증명서, 폐업사실증명서, 납세증명서, 납부내역증명서, 소득금액증명서, 부가가치세 과세표준증명서, 부가가치세 면세사업자 수입금액증명서, 소득확인증명서 등이 그런 것들이다.

47. 채무가 많다면 채무자 구제제도를 활용한다

사업을 운영하며 금융기관 등에서 빌린 부채가 많아서 폐업 후 정상적으로 상환하기 어렵다면 신용회복위원회(https://www.ccrs.or.kr)의 채무자 구제제도를 활용할 수 있다.

이는 현재의 소득으로 채무를 상환할 수 없는 채무자에게 이자, 원금 감면, 상환 기간 연장 등을 지원하여 경제적으로 회생할 수 있도록 도와주는 제도다.

신용회복위원회는 5,800여 개 금융기관 간 신용회복 지원협약에 따라 설립된 비영리 사단법인이다. 채무자 구제제도 가운데 주로 사적인 구제제도인 프리워크아웃과 개인워크아웃을 관장한다. 국내 대부분의 금융기관은 신용회복 지원협약에 가입되어 있다.

신용회복위원회에서는 법률구조공단 및 법원과 연계하여 개인회생, 개인파산 신청과 관련한 상담 및 업무를 무료로 지원한다.

과거에는 실업 및 폐업 등으로 부채 상환이 어려운 채무자가 연체 발생 전에 지원받을 수 있는 제도가 없었다. 그런 상황에 구원투수처럼 등장한 것이 채무자 구제제도다.

절차는 서류 심사를 통해 대상자로 확인되면 우선 6개월간 원금 상환이 유예되며, 그 기간 동안 약정금리로 기치이자만 납부하면 된다. 또, 대상자에 따라서는 원금을 최대 90%까지 탕감하고, 일정 기간 성실히 상환하면 잔여 채무를 모두 없애 준다.

신용회복위원회는 프리워크아웃을 통해 1~3개월 단기 연체 채무자에 대한 선제적 채무 조정을 지원해 연체의 장기화를 막아 준다. 3개월 이상 장기 연체 채무자에 대해서는 개인워크아웃을 통해 신용회복과 경제적 회생을 지원한다.

개인에 관계된 영역에서는 프리워크아웃과 개인워크아웃, 그리고 공적인 영역에서는 개인회생과 개인파산·면책제도가 있다.

이런 지원으로 채무자가 상환 가능한 수준으로 채무를 감면받게 하거나 법원의 개인회생·파산제도를 통해 채무자의 능력 범위에서 상환하고 잔여 채무를 면책받도록 해 준다. 이 제도로 매년 약 20만 명의 채무자가 구제받고 있다.

신용회복위원회의 개인워크아웃제도

제도	지원 내용
소액 채무자 특별감면	저소득층이 1,000만 원 이하 빚을 3년간 갚으면 나머지 탕감
프리워크아웃	최장 2년 이내까지 채무 상환을 유예하고, 유예 기간 중 연이자 2% 적용
개인워크아웃	빚 원금 20~70% 감면 후 나머지 최대 8년 분할상환. 취약계층은 원금 최대 90%까지 감면 가능

〈자료: 신용회복위원회〉

단계별 신용회복 지원제도

연체 단계	지원 내용
연체 전~연체 30일	상환 유예(6개월), 장기분할상환(10년)
연체 90일~채무 상각 전	미상각 채무원금 감면(최대 30%)
채무 상각 후	원금 감면율 최대 70%
상환 불능	특별 감면율 적용, 성실 상환 때 채무 면제

〈자료: 신용회복위원회〉

연체 30일 이내 채무자를 위한 '연체위기자 신속지원제도'(2019년 8월 신설)라는 것도 있다. 연체 31~89일에는 프리워크아웃이, 연체 90일 이상에는 개인워크아웃이 적용되고 있지만 연체 30일 이전의 채무자는 이들 제도를 이용할 수 없었다.

'연체위기자 신속지원제도'를 이용하면 연체가 발생해 신용도가 하락하기 전에 상환 유예 및 분할상환 등의 정부지원을 받아 신용 위기를 극복할 수 있다.

대상자는 최근 6개월 이내에 실업자나 폐업자가 되거나 3개월 이상 입원치료를 요하는 환자, 대출 당시에 비해 소득이 현저히 감소해 구제 필요성이 있는 경우다. 6개월간 거치이자만 납부하게 하고 원금 상환을 유예해 준다.

상환 능력이 회복되면 채무 조정을 종결하지만, 6개월 후에도 해결이 안 되는 채무자는 연체 90일 시점에 개인워크아웃을 신청하거나 10년 장기분할상환으로 전환할 수 있다.

채무 조정 신청 이후에는 기존 연체에 대한 연체일 가산을 중단하며, 단기 연체 정보를 개인신용조회사(CB: Credit Bureau)에 통보하지 않는다. 단, 채무 조정 기간 중 발생한 신규 연체 정보는 원칙대로 통보되며 고의적인 연체를 막고자 채무 조정 신청일 1년 이내의 대출은 적용이 안 된다.

연체 90일 이상이면서 채무 상각이 안 되고 있는 채무에 대해서는 최대 30% 범위 내에서 감면하며 채무자의 채무 정도에 따라 감면율은 차등 적용된다. 채무 상각은 금융회사가 채권 회수가 불가능하다고 판단해 장부상 손실로 처리하는 것을 말한다.

각자가 처한 채무 여건에 따른 더 자세한 지원 방안에 대해서는 신용회복위원회를 통해 직접 상담할 수 있다. 상담은 전국 지부 또는 서민금융통합지원센터에서 하며, 사전 예약과 함께 지원 요건, 서류 준비에 대해 안내를 받고 가는 게 좋다. 신용회복위원회 사이버지부에 접속하면 인터넷 상담도 할 수 있다.

48. 연체가 90일 이상이면 개인워크아웃

개인워크아웃은 연체 기간 90일이 넘는 금융 채무자의 채무 부담을 덜어 주는 제도다. 현재 소득이 적어서 채무 상환이 어려운 채무자를 대상으로 상환 기간 연장, 이자율 조정, 변제기(채무의 이행을 해야 할 시기) 유예, 채무 감면 등을 통해 안정적인 채무 상환이 가능하도록 지원한다.

이자는 전액을, 원금은 채무자의 가용소득으로 상환하는데 소요되는 기간과 채무 성격을 고려해 20~70% 감면해 준다. 취약계층은 최대 90%까지 감면받을 수 있다.

신청 방식이 간단하고 비용(5만 원)이 저렴하며 신용정보원에 연체 등의 기록도 남지 않는다. 다만 자격 및 채무 탕감 범위는 제약이 따른다.

심사를 거쳐 자격이 인정되면 채무 감면, 상환 기간 연장, 월 상환액 축소 등을 통해 현실적으로 대출을 갚아나갈 수 있게 한다. 개인워크아웃이 인정되면 채권추심과 빚 독촉 등도 피할 수 있다.

구체적으로는 이자와 연체이자 전액이 감면되고, 원금은 금융회사에서 손실 처리한 상각채권 중 신청인의 상환 여력을 감안해 최대 70%까지 감면된다. 단, 담보채무에 대해서는 연체이자만 감면된다.

원금 부분에서 무담보채무는 최장 10년, 담보채무는 3년 이내 거치 후 최장 20년 분할상환이 가능하다. 차상위계층 이하 소득자는 최장 10년까지 상환 기간이 조정된다.

신청 자격은 종합신용정보 집중기관(한국신용정보원)에 연체 정보가 등록되어 있거나 최소 90일 이상의 연체가 있는 채무자다. 최대 채무액은 15억 원 이하로 무담보 5억 원, 담보 10억 원이다. 최저생계비 이상의 수입이 있거나 채무 상환이 가능하다고 심의위원회가 인정하는 사람만 신청할 수 있다.

상담 및 신청은 신용회복위원회 전국 지부를 방문하면 된다. 준비할 서류는 신용회복지원 신청서(위원회 양식), 주민등록등본 및 신분증이다. 상담전화(1600-5500)를 통해 예약을 하면 보다 편리하게 이용할 수 있다.

채무 감면 범위, 상환 기간 등의 채무 조정 내용은 신청인의 환경, 채무의 성격 등에 따라 모두 다르게 적용된다. 프리워크아웃처럼 신용회복위원회와 협약을 맺지 않은 제3금융권(사채, 대부업체)으로부터 받은 대출은 신청 대상이 아니다.

또한 신용회복위원회에서는 중재의 역할만 하기 때문에 채권자의 50% 이상이 동의해야 진행이 가능하다. 프리워크아웃보다는 신용회복에 좀 더 많은 시간이 걸린다는 것도 고려해야 한다.

심사 후 확정까지 2~3개월이 소요되며, 채권금융기관의 최종 동의를 구하는 과정에 따라 시일이 단축 또는 연장될 수 있다. 자신의 현재 금융 상태에 비춰 채무 상환이 불가능하다면 개인워크아웃을 통해 어려움을 해결하는 것도 방법이다.

49. 연체가 90일 미만이면 프리워크아웃

프리워크아웃은 약간의 이자율 감면과 상환 기간 연장을 해주면 채무를 갚을 여력이 되는 사람에게 유용하다. 개인워크아웃과 달리 연체 기간이 30일~90일 미만인 단기 연체 채무일 때 이용할 수 있다.

신용카드 대금이나 대출금 등의 상환 부담이 과중한 사람들이 금융채무 불이행자가 되지 않도록 하는 데 뜻이 있다. 그런 면에 개인 채무자가 쓸 수 있는 가장 빠른 신용회복제도다.

6개월 이내에 폐업을 하고 대출 당시에 비해 소득이 현저하게 감소했을 때 도움이 될 수 있다. 다만 제도 악용을 방지하기 위한 신용이력 요건을 통과해야 한다. 그럼에도 관심을 가져 볼 만한 이유는 신용회복 기간이 빠르기 때문이다. 프리아웃이 확정되면 연체 기록이 삭제되고 신용거래에도 문제가 없다.

일시적으로 채무 상환이 어려우면 6개월간 원금 상환을 유예 받을 수 있고, 그 이후에도 최대 10년간 장기분할상환 혜택을 받을 수 있다. 또, 연체 90일이 지나는 시점에 맞춰 개인워크아웃도 신청 가능하다.

대출 받은 곳이 은행이거나 신용회복위원회와 협약을 맺은 제2금융권이어야 한다. 연체 기간이 1~30일 사이인 채무자도 연소득 4,000만 원 미만이거나 최근 1년 이내 누적 연체일 수가 30일 이상이면 신청할 수 있다.

총 채무액 범위는 15억 원 이하로 담보채무 10억 원, 무담보채무 5억 원이다. 2개 이상의 금융회사 채무를 보유하고 있고 6개월 동안 신규 발생한 채무가 총 채무액의 30% 이하여야 한다. 연간 채무 상환액이 총 소득의 30% 이상이고, 보유자산 가액이 10억 원 이하여야 하는 것도 조건이다.

무담보채무자는 연체이자가 전액 감면되며 이자율은 신청 당시 약정이자율의 50%까지 조정될 수 있다. 연이자율은 최고 10%, 최저 5%로 적용되며, 약정한 이자율이 연 5% 미만이면 그 이자율을 그대로 적용한다. 단, 담보채무자는 연체이자만 감면된다.

장점으로는 상환 기간을 연장 받거나 일시상환이 아니라 분할상환으로 전환할 수 있고, 때에 따라서는 이자율도 감면받을 수 있다. 또, 채무 상환 일정을 조정 받을 수 있으며, 연체 기록 삭제, 연체 이자 탕감, 상환 기간 연장 혜택을 받을 수 있다. 연체 기록이 삭제되기 때문에 일시적으로 하향된 신용등급도 회복된다.

또, 만기일시상환을 분할상환으로 변경하면서 원래의 높은 이자율을 최대 70%선까지(단, 최소 이자율은 5%) 인하 받을 수도 있다.

상담 및 신청은 신용회복위원회 전국 지부를 방문하면 된다. 인터넷을 이용할 경우에는 사이버지부 홈페이지(https://cyber.ccrs.or.kr)를 통해 상담 및 신청을 하면 된다. 준비할 서류는 신분증, 주민등록등본, 소

빚으로부터 자유롭다

득 확인 서류, 재산 보유 시 관련 자료 등이다. 상담전화(1600-5500)를 통해 방문 예약을 하면 보다 편리하게 이용할 수 있다.

단점으로는 원금 감면이 없고 이자율 조정을 통한 장기분할상환이어서 금전적으로 실익은 없다. 연장된 기간만큼 이자를 더 내야 하기 때문이다. 채무 조정 내용은 신청인의 환경, 채무의 성격 등에 따라 모두 다르게 적용된다.

50. 개인회생제도로 회생을 찾자

채무가 과도해 정상적인 방법으로 갚을 수 없는 상황이라면 법원의 개인회생제도를 이용하는 것도 방법이다.

개인회생은 파산에 직면한 개인 채무자의 채무를 법원이 강제로 재조정해 파산을 구제해 주는 제도다. 채권자 등 이해관계인의 법률관계를 조정함으로써 채무자의 효율적 회생과 채권자의 이익을 도모한다.

변제 금액을 산정하여 3년간 채무자의 수입 중 최저생계비와 세금을 공제하고 남은 비용으로 매월 채무를 변제하게 한다.

개인워크아웃과 개인회생 비교

	개인워크아웃	개인회생
운영 주체	신용회복위원회	법원
지원 대상	연체가 90일 이상인 채무자	계속적으로 소득이 발생하는 영업 또는 급여 소득자

	개인워크아웃	개인회생
지원 내용	연체이자와 이자 전액 감면, 상각채권 원금 20~70% 감면, 최장 8년 원리금 분할상환	최대 3년간 변제 후 잔여채무 면책
신청 비용	5만 원	법률사무소를 이용할 경우 150~200만 원
연체 정보 해제	확정 시 연체 정보 해제, 신용회복지원 정보 2년 등재	인가 시 연체 정보 해제, 개인회생 정보 3~5년 등재
유의 사항	연체가 90일 이상일 경우 금융채무 불이행 정보 등재	최근 1년 소득 증빙, 가용소득 전액 상환

개인회생은 개인워크아웃과 달리 채무 업체 및 채무 종류와 상관없이 적용받을 수 있다. 또한 이자는 물론 원금 탕감도 가능하며 최저생계비 이상의 일정 소득이 있다면 최저생계비도 보장받을 수 있다.

신용불량자가 아니면서 과중한 채무가 있다면 신청 가능하다. 최대 5년 동안 성실히 상환하면 최대 90%까지 감면받을 수 있다. 단, 채무 총액이 재산보다 많아야 한다.

총 채무액이 무담보채무는 5억 원, 담보채무는 10억 원 이하인 개인 채무자만 신청 가능하다.

고정적인 소득이 있어야 한다. 아르바이트, 파트타임 종사자, 비정규직, 일용직 등 고용 형태와 영업소득 신고의 유무와 관계없이 계속적인 수입을 얻을 가능성이 있어야 한다.

그 이유는 일정 소득을 채무 변제의 재원으로 삼아 변제 계획을 수행하기 때문이다. 계속적으로 수입을 얻을 가능성이 있는 자가 3년간 일정한 금액을 변제하면 나머지 채무를 면제받는 것이다.

특별한 사정을 인정받으면 변제 개시일부터 5년을 초과하지 않는 범위에서 변제 기간을 정할 수 있다. 개인워크아웃을 수행 중이거나 파산 신청 절차를 진행하고 있는 중이라도 개인회생을 신청할 수 있다.

개인회생에는 청산가치 보장의 원칙과 가용소득의 원칙이 적용된다. 청산가치 보장의 원칙은 채무자가 보유한 모든 재산을 처분해도 채권자가 배당받을 수 있는 금액이 개인회생절차를 통해 돌려받을 수 있는 금액보다 적어야 한다는 원칙이다. 압류 등 강제집행을 해도 회수가 얼마 안 되니 채무자가 돈을 벌어서 갚아 나가게 해주는 게 얼마라도 더 받을 수 있기 때문이다.

가용소득의 원칙은 채무자가 지속적으로 버는 소득에서 생계에 필요한 비용을 제외한 모든 금액을 채무 변제에 사용한다는 원칙이다. '월평균 소득액 – 최저생계비(기준 중위소득의 60%)'로 계산한다.

예를 들어 5,000만 원의 부채가 있다고 가정해 보자. 월평균 소득액이 250만 원인 2인가구는 '250만 원 – 179만 5,188원(2인가구 기준 중위소득 60%)'으로 매월 변제 가능한 금액은 70만 4,812원이 된다. 3년간 2,537만 3,232원을 변제하고 2,462만 6,768원을 감면받게 된다.

2020년 기준 중위소득

부양가족 수	기준 중위소득 60%	기준 중위소득
1 인	105만 4,316원	175만 7,194원
2 인	179만 5,188원	299만 1,980원
3 인	232만 2,346원	387만 577원
4 인	284만 9,504원	474만 9,174원

부양가족 수	기준 중위소득 60%	기준 중위소득
5 인	337만 6,663원	562만 7,771원
6 인	390만 3,821원	650만 6,368원
7 인	443만 3,829원	738만 9,715원

※8인 이상 가구의 기준 중위소득은 1인 증가마다 88만 3,347원씩 증가. 〈출처: 보건복지부〉

개인회생 절차는 개인회생 절차 개시 신청 법원의 개시 결정 변제 계획 인가 변제 계획 수행 면책 순으로 진행된다.

개인회생 신청은 원칙적으로 채무자의 주소지를 관할하는 지방법원의 본원에 제출해야 한다.

예를 들어 부천시에 거주하고 있는 채무자라면 인천지방법원 부천지원에 신청서를 제출하는 것이 아니라 인천지방법원에 제출해야 한다. 단, 서울시에 주소가 있는 사람은 그 주소지의 관할 법원이 서울동부지원이나 서울남부지원 등이라도 서울회생법원에 신청서를 제출해야 한다.

개인회생을 신청하려는 채무자는 먼저 개인회생절차 개시 신청서를 작성한다. 신청서에서는 채무자의 신상명세, 재산 및 채무, 연락처 등을 기재한다. 필수 사항은 아니지만 면책 시의 잉여금이나 변제 계획 불인가 또는 절차의 폐지로 인해 반환될 적립금 등을 받을 수 있는 본인 명의의 환급계좌도 기재한다.

함께 내야 할 서류는 개인회생 채권자 목록, 재산 목록, 채무자의 수입 및 지출에 관한 목록, 급여소득자 또는 영업소득자임을 증명하는 자료 등이다. 또한 신청일 전 10년 이내에 회생사건·파산사건 또는 개인회생사건을 신청한 사실이 있다면 그것과 관련된 서류도 첨부해야 한다.

그런 다음 신청자는 개인회생 절차 개시 신청일로부터 14일 이내에 변제 계획안을 제출해야 한다.

개인회생 신청을 위해 법무사나 변호사 사무실을 이용하면 수임료가 발생한다. 채무 규모에 따라 보통 80만 원에서 150만 원 정도가 든다. 형편이 어려운 상태에서 신청하기에 대개는 분납 등의 편의를 봐주니 협의 후 진행하는 것이 좋다.

혼자 하려면 인터넷(https://www.klac.or.kr)을 통해서도 신청서를 작성할 수 있다. 또, 대한법률구조공단을 통해 상담(전화 132) 및 대리 신청 도움을 받을 수 있다.

개인회생에는 단점도 있다. 신청서류 및 절차가 복잡하며 확정되기까지 시간이 오래 걸린다. 보통 3개월에서 6개월 정도 소요된다. 또, 소득이 불확실한 채무자, 조합이나 주식회사 등 법인은 신청 자체가 불가능하다.

개인회생을 신청해도 기각될 수 있다. 채무자가 자격을 갖추지 않았거나 채무에 대한 사유가 불분명할 때 등 법원이 적합하지 않다고 판단하면 무효를 선고할 수 있다. 무조건 허용되는 것이 아니므로 전문가와 상담 후 진행하도록 하자.

51. 채무 변제가 어려울 때는 파산 신청이 낫다

도저히 채무를 변제할 수 없는 지급불능 상태라면 파산 신청을 하는 것도 방법이다. 파산은 남은 재산을 다 털어서 채권자에게 채무 비율대로 나눠주고 남은 빚을 탕감 받는 제도다.

채권자 또는 채무자의 신청으로 이루어지고, 절차를 거쳐 파산법원에 의해 확정되면 면책과 복권에 이르는 과정이 진행된다. 여기서 면책은 파산법원의 재판에 의해 청산되고 남은 채무에 대한 변제 책임을 면하게 해주는 것을 말한다.

파산 결정에 의한 채무 정리에는 은행 대출, 신용카드 연체, 사채 등 원인과 금액의 다소와 상관없이 대상이 되며, 신용불량자가 아니더라도 신청할 수 있다.

면책 후에는 신용불량 정보가 삭제되며 각종 압류가 해제된다. 소득 활동 및 재산 축적, 정상적인 금융거래 및 경제 활동도 가능해진다. 신용기록이 남지 않아 취업에 지장이 없으며, 공무원 시험 및 자격증 취득도 가능하다. 가족 및 자녀들에게도 불이익이 없다.

하지만 조세 및 벌금, 과료, 형사소송 비용, 추징금, 과태료, 불법행위에 의한 손해배상청구권 등은 비면책 채권으로 면책 대상에서 제외된다.

파산을 신청하려면 보유한 재산보다 채무가 많으면서 최저생계비(기준중위소득 60%) 이하의 소득이어야 한다. 또, 고령, 장애, 중증질환 또는 특별한 사유로 소득 활동을 할 수 없거나 소득이 전혀 없을 때 신청이 가능하다. 학력, 경력, 나이 등을 고려해 소득 활동을 판단하므로 현재 소득이 없더라도 자격이 안 될 수도 있다.

파산 및 면책은 동시에 신청하는 것이 좋다. 개별 신청보다 서류 작성의 번거로움을 덜 수 있고, 면책심문 기일을 더 신속하게 지정받을 수 있어서 여러 가지로 채무자에게 유리하다.

파산 및 면책 신청은 필요 서류를 작성해 주소지 관할 지방법원 본원에 접수하면 된다. 단, 주소지가 서울시인 경우에는 서울회생법원이 관할 법원이다. 필요 서류는 서울회생법원 파산과와 전국 각 지방법원 본원 민사신청과에 비치되어 있다. 대법원 전자민원센터(https://help.scourt.go.kr)에서 양식을 다운받을 수도 있다.

첨부할 서류는 가족관계증명서, 혼인관계증명서(이혼 내역 포함), 주민등록초본, 진술서, 신청서 및 첨부 서류 일체의 부본 1부다. 진술서에는 채권자 목록, 재산 목록, 현재의 생활 상황, 수입 및 지출에 관한 목록 등이 포함되어 있다.

개인회생·파산면책제도는 '채무자 회생 및 파산에 관한 법률'에 의거해 법원에서 결정하는 소송구조절차로, 신청 요건 등에 대한 충분한 상담을 거쳐 신중히 결정해야 한다. 파산 신청은 채권자도 할 수 있지만 면책 신청은 개인 채무자만 할 수 있다.

대한법률구조공단의 개인회생 및 파산에 대한 면책자가진단 시스템을 통해 면책 여부를 미리 체크해 볼 수 있다.

파산 결정이 나면 파산관재인은 모든 채권자가 채권 비율대로 공평하게 변제받도록 청산 절차를 진행한다. 그리고 면책 절차를 통해 남은 채무에 대한 변제 책임을 면제해 채무자가 경제적으로 재기, 갱생할 수 있는 기회를 부여한다.

필자에게 개인회생과 파산 중 선택을 묻는다면 파산을 권하고 싶다. 일정한 소득을 통해 3년 동안 채무 일부를 갚아 나가는 개인회생은 신청자가 여러 이유로 변제를 중도 포기하거나 변제금 마련을 위해 다시 고율의 대출 상품을 이용하는 악순환이 발생되기도 한다.

하지만 파산은 면책까지 소요되는 시간이 짧고 비용도 회생에 비해 적게 들어가기 때문이다. 또, 파산은 채무자가 보유한 재산을 일시에 나눠주는 것으로 종결되어 별도의 상환 기한이 없다.

감수해야 할 점도 있다. 금융기관에서는 개인파산 후 7년간 기록을 보유하는데(개인회생은 5년), 이 기간 동안 신용카드 발급과 대출이 불가능하다.

52. 폐업하더라도 세금 체납은 불이익이 따른다

세금을 체납하게 되면 체납처분 절차에 의해 압류 · 공매 등 강제징수를 당하거나 금융거래에 제한이 따르는 등 여러 불이익을 받게 된다.

납부 기한이 지나도록 세금을 내지 않거나 내야 할 세금보다 적게 납부하면 소득세법 제81조에 의해 가산세도 더해진다. 납부 기한 다음 날로부터 자진 납부일 또는 고지일까지의 기간에 1일마다 0.025%가 부과된다. 연간 세율로 따져보면 9.13%로 연체이자 성격을 띠고 있다.

또, 국세징수법 제21조에 의해 가산금이 부과된다. 세금 고지서를 받고 납부 기한까지 세금을 내지 않으면 일종의 행정벌적인 과태료 또는 연체이자 성격으로 일정액을 징수한다.

가산세와 별도로 3%의 가산금이 부과된다. 이후에도 계속 세금을 못내면 1개월이 지날 때마다 1.2%의 중가산금이 60개월 동안 계속 붙게 된다. 다만, 50만 원 미만의 세금에는 중가산금이 붙지 않는다.

납부를 촉구하는 독촉장을 받고도 기한까지 세금을 납부하지 않으면 국세징수법 제24조에 의해 체납 세금을 강제징수하기 위해 재산을 압류한다. 압류 결정이 내려진 재산은 처분이 금지된다.

국세징수권에도 소멸시효가 있다. 국세기본법 제27조에 의해 5억 원 이상의 국세는 10년간, 5억 원 미만의 국세는 5년으로 정하고 있다. 그러나 세금을 내지 않고 버틴다고 내야 할 세금이 사라지는 것은 아니다. 국가에서는 납세고지, 독촉 또는 납부최고, 교부청구, 압류 등을 행사할 수 있다. 납세고지에 적힌 납부 기간이 지나면 그때부터 다시 소멸시효가 시작된다. 사실상 세금의 소멸시효는 없는 것이다.

예를 들어 납세자가 법인세 4억 원을 납부하지 않았다고 가정해 보자. 4년 11개월이 경과되는 시점에 과세 관청이 독촉이나 납세고지를 할 경우 그때부터 5년의 소멸시효가 새롭게 적용된다.

상속·합병 시에도 그 효력이 승계되는 등 국세우선징수의 효력이 발생된다. 평생 세금이 따라다닐 수 있다. 체납자가 사망한다 해도 보유하고 있던 재산이 있다면 그에 대한 압류 등의 방법으로 계속 징수된다. 또한 자녀가 재산을 상속받을 때 체납도 함께 상속되어 자녀에게 납세의무가 승계될 수 있다.

재산이 압류된 후에도 계속 세금을 내지 않는 경우에는 압류한 재산을 공매 등에 의해 처분하여 세금으로 충당하게 된다. 강제 매각할 때는 통상 시가보다 낮은 가격으로 낙찰될 때가 많다. 매각에 따른 비용도 체납자가 부담해야 하는 등 재산상 많은 손해를 가져오게 된다. 가급적 매각 전에 체납된 세금을 납부해야 한다.

조세를 회피하기 위해 재산을 허위로 양도·증여하면 세무서에서는 사해행위취소소송 등을 통해 강제징수하고, 사안에 따라 조세포탈범으로 고발 조치하게 된다. 사해행위취소소송은 한마디로 채무자가 빼돌린 재산을 되찾아 오는 소송이다.

체납이 있으면 납세증명서를 발급받을 수 없다. 납세증명서란 납세자가 국가·지방자치단체 등과 연관해 어떤 행위를 할 때 납세의무를 정상적으로 이행하고 있음을 증명하기 위해 제출하는 서류다.

체납자는 국가 등으로부터 대금 지급을 받을 수 없고 외국에 이주하거나 외국에 1년을 초과해 체재할 목적으로 출국할 수 없다. 출국과 관련해서는 국세를 5,000만 원 이상 체납한 경우 해외도피를 막기 위해 법무부(출입국관리국) 또는 경찰청에 요청하여 출국금지 또는 여권 발급을 제한한다.

체납 또는 결손 자료가 신용정보기관에 제공되어 금융기관 이용에도 불이익이 발생한다. 자료 제공일 현재 체납액이 500만 원 이상이면서 체납 발생일로부터 1년이 경과하였거나 1년에 3회 이상 체납한 경우와 자료 제공일 현재 결손 처분액이 500만 원 이상인 경우에 신용정보기관에 체납 정보가 제공된다.

그렇게 되면 신용불량자로 등록되어 각종 금융제재를 받게 된다. 대출 정지, 신용카드 거래 정지 등이 대표적인 제재다.

체납을 하면 신규 사업자등록 신청 및 재산 취득이 어려워진다. 3회 이상 체납자라면 사업의 허가나 인가가 취소될 수도 있다. 사업자등록을 신청한다 해도 불성실납세자로 간주되어 사업자등록증 교부 전에 임차보증금 등을 압류 조치한다. 또한 재산 취득이 드러나면 즉시 압류하여 매각 처분하게 된다.

세금 회피 혐의자에 대해서는 조세범 처벌법도 적용된다. 강제징수를 회피할 목적으로 소유 재산을 가족, 주주, 종업원, 기타 특수관계자 등에게 양도 또는 증여했다면 재산추적조사 등을 통해 관련 재산을 압류·매각 등 강제징수한다. 악의적이거나 고의로 조세를 포탈한 경우 또는 국가의 경제 질서를 위협하는 조세범에 대해서는 검찰에 고발하여 처벌받도록 하고 있다.

세금은 폐업 시 꼭 처리해야 할 과제다. 자금 여유가 없어서 납부가 지연되더라도 세무사와의 상담을 통해 하나씩 정리해야 한다.

53. 납부의무소멸제로 세금 체납을 없애는 방법

경영난으로 세금을 체납한 채 폐업을 했다면 체납액 납부의무소멸 제도에 관심을 가져 보자. 세금을 못 내 경제 활동 재개에 어려움을 겪고 있는 영세사업자들의 재기를 위해 마련된 제도다.

소상공인 보호 및 지원에 관한 법률 제24조에 '국가나 지방자치단체는 소상공인의 경영 안정과 성장을 지원하기 위해 조세특례제한법, 지방세특례제한법, 그 밖의 관계 법률에서 정하는 바에 따라 소득세, 법인세, 취득세, 재산세 및 등록면허세 등을 감면할 수 있다.'라고 규정하고 있다.

조세특례제한법 제99조의 5의 '영세 개인사업자의 체납액 납부의무 소멸특례'에 따라 국세징수권 소멸시효가 완성되지 않은 세금에 대해 최대 3,000만 원까지 면제받을 수 있다.

그렇다고 누구든 혜택을 받을 수 있는 것은 아니다. 폐업 후 다시 사업을 시작한 개인사업자나 취업하여 3개월 이상 근무하고 있지만 재산이 없어 세금을 못 내고 있는 경우에 대상자가 될 수 있다.

지방국세청 전담 상담창구 연락처

서울지방국세청	02-2114-2519	중부지방국세청	031-888-4354
대전지방국세청	042-615-2515	광주지방국세청	062-236-7513
대구지방국세청	053-661-7513	부산지방국세청	051-750-7514

문의와 신청은 전국의 각 지방 국세청 및 세무서의 체납액 납부의무 소멸 전담 상담창구를 통해 알아볼 수 있다. 체납액 관할 세무서가 두 군데 이상이면 신청서는 세무서별로 각각 제출해야 한다. 이후 국세체납정리위원회의 심의를 거쳐 신청일로부터 2개월 내 결과가 통지된다.

체납된 세금의 납부의무 소멸 대상자로 확정되면 체납액은 명세에 기재된 순서 또는 국세징수권 소멸시효가 많이 남아 있는 건부터 소멸된다.

납부의무 소멸 결정이 되어도 사업자등록 또는 취업한 사실이 허위로 밝혀지거나 징수할 수 있는 재산이 확인되면 소멸 결정이 취소되어 재차 체납처분을 할 수 있다.

폐업도 전략이다

신청일 직전 5년 이내에 조세범처벌법에 따라 처벌(처분 포함)을 받은 사실이 있거나 관련 재판이 진행 중이거나 신청일 현재 조세범칙사건으로 세무조사나 검찰조사를 받고 있으면 이 역시 소멸 결정이 취소된다. 또, 부동산임대업이나 유흥주점, 고소득 전문직 등 일부 업종은 대상자에서 제외된다.

체납액 납부의무 소멸 현황

연도		2018년	2019년 6월	합계
요건에 부합한 건수		8,009건	6,336건	1만 4,345건
신청 건수		1만 4,927건	7,911건	2만 2,838건
요건 부적격 건수		3,805건	3,478건	7,283건
수혜자	건수	8,009건	6,336건	1만 4,345건
	금액	1,111억 원	928억 원	2,039억 원

〈출처: 국세청〉

구비할 서류는 체납액 납부의무소멸 신청서와 사업자등록 신청 사실 또는 취업 사실을 입증할 수 있는 서류다. 신청서는 국세청 홈페이지(https://www.nts.go.kr)에서 다운받거나 세무서의 민원봉사실에 비치된 양식을 이용하면 된다.

국세청은 세무서를 방문할 시간이 없는 납세자를 위해 홈택스(https://www.hometax.go.kr)를 통해서도 소멸 신청을 할 수 있도록 하고 있다.

체납액 납부의무 소멸제도는 한시적으로 운영되므로 각 시기별로 확인하고 신청해야 한다. 도덕적 해이 및 형평성 문제가 따르기 때문이다.

54. 재기를 유리하게 하는 신용등급 관리법

신용은 미래의 어느 시점에 대가를 치를 것을 약속하고 현재의 가치 (물건, 돈)를 얻을 수 있는 능력이다. '돈'이라는 매개체가 포함되면 '빌린 돈을 갚을 능력'이 된다.

금융거래에서 신용등급은 신분증과 같다. 신용은 개인을 평가하는 잣대가 되며, 각종 정부지원 제도의 수급 자격 및 취업에도 영향을 준다. 그러므로 재기를 목표로 한다면 신용관리에 세심해야 한다.

신용불량자는 금융거래에서 대출 제한, 신용카드 발급 및 사용 제한, 연대보증인 제약 등 여러 불이익이 따른다. 또, 취업, 이동전화 가입, 신용 할부구매 등과 관련해서도 불리할 수 있다.

통상적으로 신용등급은 1~10등급, 신용평점은 1~1,000점으로 책정된다. 등급별 점수 구간은 금융사마다 다르게 책정된다. 신용등급은 떨어지기는 쉬워도 올리는 데는 긴 시간이 걸린다. 따라서 꾸준한 관리가 필요하다.

일반적으로 사회 초년생은 5~6등급 정도에서 시작하게 된다. 신용등급이 '1'에 가까울수록 신용 상태가 우수하고 '10'에 가까울수록 불량하다는 것을 뜻한다. 1~2등급은 최우량등급, 3~4등급은 우량등급으로 신용 부실화 가능성이 낮은 집단이다.

5~6등급은 일반등급으로 단기적으로 연체 경험이 있거나 제2금융권으로부터 대출받은 경험이 있는 집단이다. 7등급부터는 주의등급이다. 부채를 연체했거나 현재 연체 중인 사람들이 이에 속한다.

복있는 전략이다

신용평가회사 KCB올크레딧이 제시하는 주요 신용평가 요소는 부채 상환 기록, 현재의 부채 수준, 상환 이력, 연체 정보, 제2금융권(저축은행·캐피탈) 과다 이용 여부, 단기간(3~6개월) 대출 집중 여부 등이다.

신용카드 발급이나 제1금융권 대출은 신용 5등급 이상이어야 가능하고, 신용등급이 낮다면 금리가 높은 제2금융권 대출 상품을 이용해야 한다. 신용 7등급 이하부터는 제2금융권 대출도 어려워진다.

신용등급별 특징

등급	구분	특징
1~2등급	최우량 등급	오랜 신용거래 경력, 다양하고 우량한 신용거래 실적 보유, 부실화 가능성 낮음
3~4등급	우량등급	활발한 신용거래 실적 없음, 꾸준한 우량거래를 지속하면 상위등급 진입, 부실화 가능성 낮은 수준임
5~6등급	일반등급	단기 연체 경험 있음, 부실화 가능성은 일반적 수준임
7~8등급	주의등급	단기 연체 경험이 비교적 많음, 금리가 높은 금융권과의 거래가 많음, 부실화 가능성이 높음
9~10등급	위험등급	현재 연체 중임, 매우 심각한 연체 경험 보유함, 부실화 가능성이 매우 높음

〈출처: 금융감독원〉

개인 신용등급 평가 기준

평가 부문	내역	활용 비중
현재 부채 수준	현재 채무의 수준(대출 금액, 신용카드 이용 금액 등), 소득 대비 과도한 부채, 카드 한도 초과	35%
상환 이력 정보	채무의 적시 상환 여부 및 그 이력(연체 정보), 3개월 이상 50만 원 이상 연체, 500만 원 이상의 세금을 1년 이상 체납하거나 1년간 3회 이상 미납 시	25%

평가 부문	내역	활용 비중
신용 형태 정보	신용거래의 종류 및 행태(고금리 상품 과다 이용)	24%
신용거래 기간	신용카드 개설로부터의 기간, 단기(3~6개월) 집중 대출 및 연체	16%

〈출처: KCB〉

신용등급과 관련해 과장되거나 잘못된 정보가 있다. 신용등급을 조회하거나 신용카드를 많이 발급받으면 등급이 하락한다는 말이 있지만 이는 사실이 아니다.

단, 사용 이력이 오래된 신용카드를 해지할 때 신용등급에 변동이 생길 수 있다. 신용카드 정보(이용 실적, 보유 기간 등)는 신용평가에 다양하게 활용되는데 신용카드 해지 후 일정 기간이 지나면 거래 이력이 반영될 수 없기 때문이다.

휴대전화 통신요금 연체는 신용등급에 영향을 미치지 않는다. 단, 단말기 할부대금을 납부하지 않거나 늦게 낼 경우 보증을 선 서울보증보험을 통해 정보가 수집되기 때문에 신용등급에 불이익이 따를 수 있다.

신용등급을 관리 또는 올리는 방법은 다음과 같다.

자신이 9~10등급이라면 소액이라도 연체 금액을 갚으면서 추가 대출이나 카드 사용은 자제한다. 7~8등급은 제2금융권 대출을 상환하면서 신용조회 대상이 되지 않도록 애쓴다. 5~6등급은 대출금의 일부를 갚으면서 과도한 추가 내출을 피한다. 3등급은 신용거래 실적을 높이면서 꾸준히 우량거래를 지속한다.

구체적으로는 대출을 하더라도 가급적 이자가 낮을 곳을 이용해야한다. 보험사나 제2금융권 등이 제공하는 고금리 대출상품을 이용하면 신용등급 하락의 요인이 된다.

연체를 하지 말고 상환일은 꼭 지켜야 한다. 신용등급 산정에서 가장 부정적인 요인은 연체다. 10만 원 이상을 5영업일 이상 연체하면 신용조회회사에 연체 정보가 체크되어 신용등급이 하락할 수 있다. 연체 기간이 길수록 장기간(상환 이후 최장 5년) 신용평가에 반영된다.

채무 상환에도 우선순위가 있다. 오래되고 이자가 높은 대출, 소액대출 순으로 갚아 나가야 신용등급 개선에 유리하다.

통신·공공요금을 성실히 납부하면 가점이 된다. 통신요금, 공공요금, 건강보험, 국민연금 등을 6개월 이상 성실하게 납부한 정보를 신용조회회사에 제출하면 거래 종류나 납부 기간에 따라 5~15점의 가산점을 받을 수 있다.

신용은 평가할 수 있는 거래 내역이 있어야 오를 수 있다. 은행 거래를 전혀 하지 않는 사람보다는 적은 돈이라도 꾸준히 거래하는 사람의 신용등급이 올라간다.

그런 만큼 현금보다는 신용카드를 쓰는 게 낫다. 신용카드를 일정 금액 이상 꾸준히 사용하면 가점을 받으며, 체크카드 사용도 신용카드와 같은 효과가 있다. 또, 할부구매보다는 일시납이 신용평가에 좋은 영향을 끼친다. 신용카드는 2~3개 이내로 사용한다.

금융사 역시 주거래 은행을 꾸준히 이용하는 게 좋다. 주거래 은행은 연체가 없었던 제1금융권으로 선택하며, 급여통장 개설 및 저축상품 가입, 신용/체크카드 발급 등도 주거래 은행을 창구로 하는 게 유리하다.

금융사가 대출 금리를 결정할 때도 신용조회회사의 신용 정보를 바탕으로 거래 실적 등을 반영해 산정하기 때문이다. 신용평가사에서 정하는 등급만큼 은행의 내부 평가 등급도 중요하다.

신용등급은 소득의 많고 적음은 큰 영향을 끼치지 않는다. 그보다는 기본적으로 금융거래 이력을 바탕으로 책정되기 때문이다. 은행은 자사 거래 실적이 많은 우수고객에게 높은 신용등급을 주고, 금리 우대 및 수수료 감면 등과 같은 혜택도 그와 연관된다.

연체 기간이 3개월 이상이면 신용불량자로 등록된다. 연체가 발생하더라도 카드 돌려막기, 사금융 대출, 카드깡은 절대로 하면 안 된다.

스스로 감당할 수 없는 부채에 놓인 경우 신용회복 상담전문가가 있는 신용회복위원회에서 상담을 받도록 한다. 신용회복위원회의 채무종합상담을 통해 자신에게 맞는 채무구제제도를 찾고, 법원의 개인회생, 개인파산에 대해서도 도움을 받을 수 있다.

우리나라에서는 한 번 망하면 재기하기 어렵다는 말이 있다. 실패자에게 유독 야박한 인식 때문이다. 그러다 보니 폐업 위기에 처해 있으면서도 폐업이 두려워 무작정 버티는 경우가 많다.

사업정리 컨설팅 과정에서 만난 부실 사업주들은 현실에 우유부단하다가 더 큰 피해를 입거나 재기할 기회조차 갖지 못하는 경우가 많았다.

폐업을 결정했다면 정부의 지원제도를 이용하는 것도 방법이다. 정부에서는 폐업자들의 재기를 위해 다양한 지원제도를 운영하고 있다.

Part 3

재기를 위한
정부지원제도 활용

1장 _ 사업정리 지원제도로
손실을 최소화하자

정부기관에서는 폐업 예정자들을 대상으로
다양한 사업정리(폐업) 지원제도를 운영하고 있다.
소상공인들의 피해를 최소화해 폐업 충격을 줄이고
재도전 기회를 제공하려는 것이 목적이다.
소상공인시장진흥공단은 '희망리턴패키지'를 통해
사업정리 컨설팅, 재기 교육, 취업성공패키지,
전직장려수당 등을 지원한다.
서울시 자영업지원센터에서는 사업정리 지원과 회생 컨설팅을,
경기도 시장상권진흥원에서는 사업정리,
재기 지원, 사업 지원금 등을 제공하고 있다.

55. 폐업 예정자는 희망리턴패키지를 이용한다

경영상의 어려움으로 폐업을 준비 중이거나 폐업 후 취업을 희망한다면 희망리턴패키지에 관심을 가져 보자. 소상공인시장진흥공단에서는 폐업 예정 소상공인의 임금근로자 전환 및 정착 지원을 통해 재기를 돕고 있다.

폐업 단계에서부터 재취업, 새창업 단계까지 전 과정을 지원한다. 사업정리 컨설팅과 재기 교육에 초점이 맞춰져 있다.

사업정리 컨설팅은 폐업 시 절세, 신고 사항, 자산·시설의 처분 방법, 철거와 원상복구, 부동산 양도·양수 등에 대한 컨설팅을 제공한

폐업도 전략이다

다. 또한 사업정리 연계지원 컨설팅을 통해 일정 금액 내에서 철거·복구 비용을 지원하고 있다.

또한 재기 교육을 통해 폐업 예정 또는 기폐업 소상공인에게 맞춤형 교육을 제공한다. 재창업보다 취업을 원하는 소상공인을 위해서는 전직장려수당도 지급하고 있다.

희망리턴패키지 지원

지원 단계	지원 내용	지원 대상
폐업 단계	사업정리 컨설팅	취업 또는 재창업 의사가 있는 폐업 예정소상공인이 대상. 사업정리 컨설팅 신청일 기준으로 사업 운영 기간이 60일 이상인 경우
	재기 교육	취업 의사가 있는 폐업 예정 소상공인 또는 기폐업 소상공인이 대상. 재기 교육 신청일 기준으로 사업 운영 기간이 60일 이상인 경우
폐업 이후 단계	취업성공패키지	취업 의사가 있는 연 매출액 1.5억 원 미만의 폐업 예정 소상공인 또는 폐업 소상공인이 대상
	전직장려수당	사업정리 컨설팅 또는 재기 교육 수료자로서 폐업 신고 및 취업 활동을 하는 자

〈출처: 소상공인시장진흥공단〉

희망리턴패키지의 지원 대상은 기폐업한 소상공인과 취업 의사가 있는 폐업 예정 소상공인이다. 신청일 기준으로 사업 운영 기간이 60일 이상이어야 한다. 부동산 임대사업자, 비영리 사업자 및 법인(고유번호증 소지자)은 지원 대상이 아니다. 컨설팅은 1개 업체당 일반, 세무, 부동산 등 최대 3개 분야까지 지원되며 자기부담은 없다. 보편적으로 3월 말부터 시작하여 예산 소진 때까지 진행된다.

사업정리 컨설팅, 재기 교육, 전직장려수당과 관련한 문의는 소상공인시장진흥공단(https://www.sbiz.or.kr/hrp)에서, 취업성공패키지에 대한 문의는 고용노동부(https://work.go.kr/pkg) 또는 상담전화(1357)를 통해서 하면 된다.

56. 손실을 줄여 주는 사업정리 컨설팅

소상공인시장진흥공단에서는 폐업 시 절세 및 신고 사항, 자산·시설 처분 방법, 철거·원상복구, 부동산 양도·양수 등 소상공인이 안정적으로 폐업할 수 있도록 사업정리 컨설팅을 지원하고 있다.

집기·설비 매각 등 사업정리 과정의 전문 컨설팅을 진행하며, 연계지원 컨설팅을 통해 철거 및 원상복구비를 업체당 최대 200만 원까지 지원하고 있다. 철거·원상복구 시 발생하는 부가세는 자기부담이다. 단, 폐업신고 이후에는 지원받을 수 없다.

사업정리 컨설팅 지원

구분	분야	지원 내용	지원일 수
폐업 예정자	일반	컨설턴트가 방문하여 사업정리 컨설팅을 수행	필수 2일 방문
	세무	(컨설팅) 세무 관련 자문 및 컨설팅을 수행한 경우	제한 없음 (단, 1회 대면 필수)
		(신고 대행) 부가가치세 또는 종합소득세 신고 대행한 경우 ※단, 폐업신고 대행은 인정 제외	
	부동산	(컨설팅) 부동산 관련 자문 및 컨설팅을 수행한 경우	
		(신고 대행) 컨설턴트 중개로 부동산 양수도 계약을 체결한 경우	

폐업도 전략이다

구분	분야	지원 내용	지원일 수
기폐업자	세무	(컨설팅) 세무 관련 자문 및 컨설팅을 수행한 경우 (신고 대행) 부가가치세 또는 종합소득세 신고 대행한 경우 ※단, 폐업신고 대행은 인정 제외	제한 없음 (단, 1회 대면 필수)

〈자료: 소상공인시장진흥공단〉

폐업 절차, 세무신고, 부동산 양도·양수 등 복잡하고 어려운 폐업 과정을 사업정리 컨설팅을 통해 지원한다. 1개 업체당 일반, 세무, 부동산 등 최대 3개 분야의 지원이 가능하다.

부동산 분야 지원 시 부동산 중개수수료는 별도로 지원하지 않는다. 일반 분야는 2일간 지원되며 세무·부동산 분야는 날짜에 제한이 없다.

모집공고 때 신청·접수하면 소상공인시장진흥공단의 사전 진단 후 컨설팅 협약을 통해 진행되며, 협약일과 관계없이 선정 수락일의 다음 날로부터 30일 이내까지 지원받을 수 있다.

폐업 예정 또는 폐업한 소상공인이 재창업보다 취업을 원할 때는 고용노동부의 '취업성공패키지' 등 관련 지원 제도를 활용할 수 있다. 전문기관을 통한 맞춤형 교육을 제공하여 개인별 취업 역량을 강화하고 있다.

취업성공패키지 추천서 발급 지원

구분	패키지 1	패키지 2
1단계 (상담·진단)	3주~1개월, 참여수당 최대 25만 원 지급	1주~1개월, 참여수당 최대 20만 원 지급
2단계 (직업능력 향상)	최장 8개월, 훈련비 최대 500만 원 (국민내일배움카드, 자부담 20%), 참여수당 최대 40만 원 지급(6개월)	최장 8개월, 훈련비 최대 300만 원 (국민내일배움카드, 자부담 15~50%), 참여수당 최대 40만 원 지급(6개월)
3단계 (취업 알선)	최장 3개월, 취업 성공 시 축하금 최대 150만 원 지급	최장 3개월

〈자료: 고용노동부 2020년 기준〉

　'패키지 1'은 생계급여 수급자, 중위소득 60% 이하 가구원, 여성가장, 위기청소년 등 특정 취약계층이 대상이며, '패키지 2'는 만 18~34세 청년층과 만 35~69세 이하 중장년층(중위소득 100% 이하 가구원, 영세 자영업자) 등을 대상으로 한다.

전직장려수당 지원

구분		지원 요건	지원 총액	
			지급률	지급액
분할 지급	1차	-사업정리 컨설팅이나 재기 교육 수료 -사업장 폐업신고 -'취업성공패키지' 1단계 이상(또는 재기 힐링캠프) 수료	40%	40만 원
	2차	취업 완료 시 (10개월 이내 취업, 60일 근속)	60%	60만 원
	계		100%	100만 원
일괄 지급		위 분할 지급 조건 모두를 수행 후 신청 시	100%	100만 원

〈자료: 소상공인시장진흥공단 2020년 기준〉

페업도 전략이다

폐업 후 취업 활동을 하는 소상공인의 폐업 충격 완화와 임금근로자 전환 촉진을 위해 전직장려수당을 지원한다. 폐업신고 및 취업 활동 상태에 따라 최대 100만 원을 분할 또는 일시 지급 받을 수 있다.

취업 인정 기준은 재기 지원 컨설팅, 재기 교육 참여 기간 중 또는 전직장려수당 신청 기간 내에 취업한 사업장이 고용보험에 가입되어 있어야 한다.

신청인의 근무 기간(고용보험 가입 기준)은 60일 이상이어야 한다. 재기 지원 컨설팅 또는 재기 교육을 수료한 날로부터 10개월 이내에 신청하면 된다. 기한 내 신청을 완료했어도 취업(신청 포함)하지 않으면 지원에서 제외된다.

간혹 사업 실패로 신용불량자가 되어 직접 수령이 곤란할 때가 있다. 이런 때는 가족관계등록부상 1인의 계좌로 지급이 허용되니 해당 계좌 소유주와 함께 지역센터를 방문해 신청하면 된다.

신청은 온라인 접수만 가능하다. 소상공인시장진흥공단 희망리턴패키지(https://www.sbiz.or.kr/hrp)에 가입한 후 '나의 컨설팅 신청하기'를 통해 신청하면 된다. 상담전화(1357)를 통하면 자세히 문의할 수 있다.

57. 서울은 '서울시 사업정리 지원제도'를 이용한다

서울에서 사업을 하다가 폐업을 검토 중이라면 서울시의 사업정리 지원제도를 이용해 보자. 소상공인과 중소기업들의 피해를 최소화하기 위해 사업정리 컨설팅과 재취업 정보 기회 등을 제공하고 있다.

주관하는 곳은 서울시 산하의 신용보증기관인 서울신용보증재단이다. 사업정리 전문가가 폐업과 관련한 비용 산출과 지원, 행정절차, 집기 처분 방법 등을 안내해 준다. 아울러 취업, 재창업, 업종 전환 등 재기를 위한 방안을 상담 받을 수 있다.

연중 지원하는 건 아니어서 사업공고와 함께 선착순으로 신청 받는데 조기 마감될 수 있다. 통상적으로 4월에 시작한다. 사업공고는 서울시 소상공인 종합지원포털(https://www.seoulsbdc.or.kr)에서 확인할 수 있다.

서울신용보증재단의 사업정리 지원을 받으면 비용면에서도 혜택을 볼 수 있다. 사업장 철거 및 원상복구비 최대 200만 원, 영업 양도를 위한 광고비 최대 200만 원, 그리고 사업장 이전비 최대 200만 원, 기술훈련비(교육 수강) 최대 200만 원까지 지원한다. 단, 중복 지원을 받게 되면 합산 총액은 200만 원까지다.

컨설팅과 관련해서는 사업정리 부문과 재기 지원 부문으로 나누어 최선의 방법을 찾아준다. 먼저 사업정리 부문은 점포 진단, 신용 관리, 폐업 시 절세 및 신고 사항, 노무, 상가임대차보호법 등에 대해 전문가가 도움을 준다. 재기 지원 부문은 업종 전환, 사업장 이전, 재취업 상담 등에 대해 컨설팅을 받을 수 있다.

사업정리 지원과 관련해서는 소상공인 종합지원포털(https://www.seoulsbdc.or.kr) 또는 자영업지원센터(1577-6119)로 문의해도 된다. 사업정리 지원 대상자로 확정되면 사업정리 전문가가 방문하여 관련 절차를 진행하게 된다.

폐업도 전략이다

사업정리 지원제도

구분	내용	비용 지원
사업정리 컨설팅	-점포 진단, 신용 관리, 폐업 시 절세 및 신고 사항, 노무, 상가임대차보호법 등 법률 분야 지원 -시설·집기 처분 견적 산출 및 자산 매각 지원	①점포 원상복구비 ②사업장 양도 수수료 ③영업 양도 광고비 ④기술훈련비 ⑤사업장 이전비 ⑥코로나19 피해 기업 임대료 지원
재기지원 컨설팅	-업종 전환, 사업장 이전(사업 타당성, 상권 분석) 컨설팅 -재취업 상담 및 일자리 지원, 상담 프로그램 연계 지원 등	

58. 경기도는 '폐업 및 업종전환 지원'을 활용하자

경기도 전체 자영업자의 15% 이상이 매년 폐업하고 있다고 한다. 경기도에서 사업을 운영하다가 폐업을 예정하고 있다면 경기도가 운영하는 '폐업 및 업종전환 지원'을 이용하자.

주관하는 곳은 경기도의 출연기관인 시장상권진흥원이다. 지역의 산업 고도화와 경제발전을 위한 기관이지만 경영 악화에 처해 있는 소상공인들의 사업정리 지원 기능도 겸하고 있다.

소상공인을 대상으로 폐업 절차 컨설팅 및 사업장 양수자 발굴, 철거비 지원 등 소상공인들의 폐업 손실 완화와 재기를 돕는 종합폐업관리 프로그램을 운영한다.

경기도에서 폐업 예정인 소상공인만 신청이 가능하다. 부동산 임대업자, 비영리 사업자 및 법인은 지원 대상이 아니다.

'폐업 및 업종전환 지원'은 연중 운영되는데, 비용 지원은 예산이 소진되면 조기 마감될 수 있다. 사업공고는 경기도시장상권진흥원 (https://www.gmra.or.kr/)을 통해 발표된다.

경기도 '폐업 및 업종전환 지원'

컨설팅 분야	지원 내용
금융	사업운영 현황, 가계손익 현황, 가치평가, 폐업 소상공인 부채 현황, 신용관리, 자산관리 등
심리	심리적 부적응, 생활 의욕, 사회적 인지능력 평가 분석, 심리상담 수행을 통한 삶의 의욕 증진, 대인관계 개선, 성취욕구 강화
창업 · 경영	소상공인 경영관련 운영수익 현황, 상권 분석, 경영마인드 등 평가 분석, 재창업 소상공인 아이템 개발 선정 및 성장 가능성 등
직업	소상공인 적성, 자질, 사회적 능력 등 평가 분석, 직업정보 제공, 직업 선택, 직업 계획, 구직활동 검수 등

소재지 해당 지역의 접수처

신청 업체 소재지	주소
수원, 용인, 성남, 광주, 이천, 여주, 양평, 안성, 하남	경기도시장상권진흥원 남동센터 경기도 광주시 경안동 15-2 광주프라자 4층
시흥, 안산, 안양, 군포, 광명, 부천, 김포, 평택, 오산, 화성, 과천, 의왕	경기도시장상권진흥원 남서센터 경기도 시흥시 정왕동 2121-1 시흥비지니스센터 8층
남양주, 양주, 포천, 가평, 고양, 파주, 구리, 연천, 의정부, 동두천	경기도시장상권진흥원 북부센터 경기도 남양주시 별내동 824-5 삼성홈타워 4층

'폐업 및 업종전환 지원' 대상자로 확정되면 가계 생활을 위한 재기 장려보조금 최대 150만 원(금액은 변동될 수 있음), 재기를 위한 기술훈련비(교육 수강) 최대 100만 원이 지원된다. 하지만 최근 3년간 기술훈련 지원금을 받은 적이 있다면 신청할 수 없으며, 타기관 국비지원 수강자도 제외된다.

'폐업 및 업종전환 지원'과 관련한 문의와 신청은 경기도시장상권진흥원(1600-8001)을 통해 할 수 있다.

2장 _ 지원제도를 활용해
　재창업에 도전한다

IBK경제연구소와 재기중소기업개발원은
소상공인이 재창업할 때
가장 어려움을 겪는 문제를 조사했는데,
응답자 중 58.9%가 자금 조달 곤란을 꼽았다.
신용불량으로 금융거래가 여의치 않다는 대답도 23.2% 있었다.
재창업 여건과 관련한 만족도 조사에서는
부정적 답변이 57.0%를 차지해
보통(27.2%)과 긍정(15.9%)을 합친 것보다 훨씬 많았다.
재기 환경이 어려울수록 정부의 지원제도를
잘 활용할 필요가 있어 보인다.

59. 소상공인 재창업패키지로 재기한다

업종 전환을 희망하는 소상공이나 이미 폐업한 소상공인이라면 소
상공인시장진흥공단의 재창업패키지를 이용해 보자. 재창업 준비 단계
에서부터 전 과정에 걸쳐 체계적인 지원을 받을 수 있다.

유망 업종으로의 전환 및 재창업을 위한 전문 교육과 멘토링 등을 제
공한다. 교육은 3월부터 10월까지 수시로 진행된다. 무료로 진행되며 1
인당 30만 원까지 실습 재료비도 지원한다.

재창업 교육은 민간 교육기관을 통한 e-러닝 교육을 포함해 60시간
진행한다.

e-러닝 교육 및 전문 교육

전문 교육	필수 교육	-공단 정책 및 e-러닝 교육 수강 안내 -실패 진단 및 재도전 의지 함양 교육 ※실패 원인 분석 및 재도전 성공 마인드 고취, 　재창업 모델 고도화, 자존감 회복 등	50시간 이상
	업종 교육	-사업계획서 작성 요령 및 창업 준비 과정 -업종 관련 이론 교육 -업종 관련 실습 교육 -현장 견학 등	
e-러닝 교육		-공단에서 지정하는 온라인 교육	10시간 이내
기타		-입학식 및 졸업식 -사업계획서 발표 등	

의식 전환 및 힐링 교육, 업종별 전문 교육, 멘토링 등 업종 전환에 필요한 종합 교육을 받을 수 있다. 전체 교육 시간의 90% 이상을 참여해야 수료가 가능하다.

교육을 마친 수료생에게는 1:1 전담 멘토가 배치되어 재창업 멘토링도 해준다. 아울러 소상공인정책자금 융자 대상자로 추천받아 사업전환자금을 신청할 수 있다.

사업전환자금은 신용, 담보 등의 평가에 따라 최고 1억 원까지 저금리로 융자되는데, 수료일로부터 1년까지 신청 가능하다. 단, 개인의 신용, 담보 평가에 따라 대출이 거절될 수 있다.

재창업패키지 신청은 소상공인지식배움터(https://www.edu.sbiz.or.kr) 또는 중소기업통합콜센터(1357)를 통해 자세한 상담을 받을 수 있다. 소상공인지식배움터에서 회원 가입 후 재창업패키지 교육 교육 신청 교육 선택 신청서 작성 순으로 진행하면 된다. 사업자등록증 또는 폐업 사실증명원, 창업적성검사표를 제출해야 한다.

창업적성검사표는 워크넷(https://www.work.go.kr)에 접속하여 단계별 절차를 거치면 출력할 수 있다. 또는 이름, 검사일, 평가 결과가 보이도록 화면을 촬영해 제출해도 된다.

60. 자금 조달이 어렵다면 소상공인정책자금을!

재창업을 하려는데 자금 조달이 어렵다면 소상공인시장진흥공단 (https://www.semas.or.kr)이 주관하는 소상공인정책자금 대출을 활용할 수도 있다. 담보가 없거나 미약한 소상공인을 위한 제도로, 대출 한도가 높으면서 금리가 낮아 잘 활용하면 자금 운용에 큰 도움이 된다.

소상공인 보호 및 지원에 관한 법률에 따라 소상공인으로 분류된 사업체라면 신청 가능하다. 단, 소상공인이더라도 휴업이나 폐업 중이거나 세금 체납 또는 금융기관 채무 불이행자로 규제 중인 경우라면 신청할 수 없다. 다중 채무자, 신용등급 6등급 이하인 소상공인도 지원 대상에서 제외된다.

소상공인정책자금 지원

구분	세부 사항	신청 요건	대출 한도
성장 기반 자금	소상공인 특화자금	제조업을 하는 10인 미만의 소상공인	5억 원 이내 (운전자금 1억 원)
	성장촉진자금	업력 3년 이상 소상공인	2억 원 이내 (운전자금 1억 원)

구분	세부 사항	신청 요건	대출 한도
경영 안정 자금	일반 경영안정자금	업력 1년 이상 소상공인(경영 초기, 고용안전 지원, 사업 전환, 소상공인 특별, 긴급 경영 등 세부 조건별 상이)	업체 당 최고 7,000만 원 이내
	사회적기업 전용자금	협동조합기본법 또는 중소기업협동조합법에 의거해 설립된 협동조합	5억 원 이내 (협동조합 전용 자금)
	성공불융자	생활혁신형 아이디어 보유에 선정된 소상공인 업체	2,000만 원 이내
	청년고용 특별자금	만 39세 이하인 사업자 또는 청년근로자를 50% 이상 고용 중이거나 최근 1년 이내 청년근로자를 1인 이상 고용하고 유지 중인 소상공인	1억 원 이내

〈출처: 소상공인시장진흥공단〉

소상공인정책자금은 크게 성장기반자금과 경영안정자금으로 나눌 수 있는데, 업력 1년 이상 소상공인이라면 경영안정자금을 신청하면 된다.

중소벤처기업부 장관이 정한 교육 과정을 수료한 소상공인, 고용노동부 일자리안정자금 수급 소상공인, 재해확인증을 발급받은 소상공인 등 세부 지원 요건에 따라 신청할 수 있다.

신청은 각 지역의 소상공인시장진흥공단을 방문해 정책자금 지원 대상 확인서를 발급받으면 접수가 이루어진다. 방문할 때 사업자등록증과 신분증이 필요하며 업종과 상시 근로자 여부에 따라 필요 서류가 다르므로 방문 전에 미리 문의해서 확인해야 한다.

소상공인특화자금, 성장촉진자금, 사회적기업 전용자금, 성공불융자 등의 조건 자금은 소상공인시장진흥공단 지역 센터에서 신청·접수 및 평가를 통해 대출이 가능하다.

또 한 가지 방식은 은행을 통한 대리 대출이다. 소상공인시장진흥공단 접수에 더해 금융기관의 신용평가(신용 및 재정 상태, 경영 능력과 사업성, 담보, 보증 등)에 따라 대출액과 이자가 결정된다. 그래도 시중 금리보다 훨씬 저렴한 2%대 안팎의 이자로 이용할 수 있다.

대출 기간은 거치 2년을 포함해 5년이 기본이며, 자금 종류에 따라서는 최대 10년까지 이용할 수 있다. 변제는 공단을 통한 직접 대출은 거치 후 매월 균등분할상환 또는 자율상환하게 된다. 대리 대출은 거치 후 대출금의 70%는 3개월마다 균등분할상환, 나머지는 만료 때 일시상환하는 방식이다.

자세한 사항은 소상공인시장진흥공단 홈페이지나 중소기업 통합콜센터(1357), 전국 소상공인지원센터를 통해 문의하면 된다.

61. 재도전종합지원센터라는 곳도 있다

중소벤처기업부와 중소기업진흥공단이 운영하는 재도전종합지원센터라는 곳이 있다. 작은 회사를 운영하다가 경영 위기에 처했거나 폐업 후 재기를 노리는 사업자라면 관심을 가져 볼 만한 기관이다.

상담자로 회계사, 노무사, 변호사 등 전문가가 나서 밀착 멘토링을 진행한다. 사업정리에서부터 자금 지원, 사후 멘토링까지 재도전의 전 과정을 일괄 지원받을 수 있다.

지원 방식은 크게 두 가지로 나뉘어져 있다. 경영 위기에 처한 중소기업을 대상으로 하는 위기극복(turn-around) 지원과 재기를 모색하는 사업 실패자들을 위한 재창업(re-startup) 지원으로 구분된다.

위기극복 지원은 전문가가 신청 기업의 위기 원인을 진단해 진로에 대한 맞춤형 처방을 제시하고, 회생 또는 구조개선 등을 지원한다. 부실에 빠진 중소기업을 선제적으로 지원해 조기 정상화시키는 게 주목적인 지원이다.

재창업 지원은 비록 사업에 실패했더라도 유망한 아이템을 보유한 예비재창업자들을 위해 심리 치유와 재창업 역량강화 교육, 재창업에 필요한 자금 지원 등과 같은 활동을 펼친다.

중소기업진흥공단 재도전종합지원센터

구분	전화번호	주소
서울서부	02-2106-7458	서울특별시 금천구 가산디지털1로 181 4층
서울동남부	02-2023-4332	서울특별시 서초구 서초대로 45길 16 VR빌딩 1층
경기	031-260-4937	경기도 수원시 영통구 이의동 906-5(광교로 107) 경기중소벤처기업종합지원센터 11층
경기북부	031-920-6714	경기도 고양시 일산동구 일산로 138(백석동) 일산테크노타운 관리동 102호
대전, 세종	042-281-3741	대전광역시 서구 청사로 136(월평동) 대전무역회관 1501호
인천	032-837-7033	인천광역시 연수구 갯벌로 12(송도동 7-50) 갯벌타워 14층
대구	053-606-8433	대구광역시 북구 엑스코로 10 엑스코 4층
부산	051-630-7414	부산광역시 사상구 학감대로 257 (감전동) 보생빌딩 A동 1층
경북	054-440-5917	경상북도 구미시 이계북로 7(임수동 92-30) 경제진흥원 5층

구분	전화번호	주소
경남	055-270-9767	경상남도 창원시 의창구 원이대로 362(대원동) 창원컨벤션센터 3층
울산	052-703-1139	울산광역시 남구 삼산로 274(삼산동 1479-5) W-Center 14층
광주	062-600-3024	광주광역시 서구 상무중앙로 84 상무트윈스 B동 6층
전북	063-210-9942	전라북도 전주시 완산구 홍산로 276번지(효자동 3가 1525-2) 전주상공회의소 4층
전남	061-280-8033	전라남도 무안군 삼향읍 오룡3길 2(남악리) 중소기업종합지원센터 4층
강원	033-269-6939	강원도 춘천시 중앙로 54(중앙로 2가) 우리은행빌딩 5층
충북	043-230-6813	충청북도 청주시 흥덕구 풍산로 50(가경동) 중소벤처종합지원센터 4층
충남	041-589-4586	충청남도 천안시 서북구 광장로 215 충남경제종합지원센터 10층
제주	064-754-5153	제주특별자치도 제주시 연삼로 473(이도2동 390) 경제통상진흥원 3층

상담 신청은 재도전종합지원센터 홈페이지(https://www.rechallenge. or.kr)의 상담예약 시스템을 통해서 하면 된다. 법률, 회생 등 전문 상담 은 서울 재도전종합지원센터에서 일괄 지원한다. 더 자세한 내용은 중 소기업진흥공단의 재도약성장처(055-751-9625)로 문의하면 된다.

62. 기술 아이템이 있다면 '재도전성공패키지'를 활용하자

기술 아이템으로 재창업을 준비하고 있거나 사업계획을 보유한 예 비재창업자 또는 재창업 3년 이내인 대표자라면 중소벤처기업부 산하

창업진흥원이 주관하는 재도전성공패키지가 도움이 될 수 있다.

금융 채무에 대한 조정이 필요한 재창업자도 신청할 수 있다. 다만 최종 선정 때까지 신용회복위원회의 채무조정 프로그램을 통해 조정이 완료되지 않으면 지원 대상에서 제외된다.

신청과 접수는 통상적으로 연중 2회(2월, 6월) 모집공고를 통해 진행된다. 중소벤처기업부와 창업진흥원은 기술을 기반으로 하는 창업을 지원하는 다양한 사업을 추진하고 있는데 그중 하나가 재도전성공패키지다.

경영 평가, 서면·대면 평가를 통해 약 45명을 선정하며 4,000~6,000만 원의 사업비를 지원한다. 지원 내용은 시제품 제작비, 마케팅비 등 사업화 자금과 재창업 교육 및 멘토링, 입주 공간 등이다.

재도전성공패키지 지원

구분		지원 내용
사업화 자금 지원		시제품 제작·마케팅비 등 사업화 자금 4,000~6,000만 원
프로그램 지원	재창업 교육	실패 원인 분석, 심리 치유, 비즈니스 모델 수립·고도화 등 역량 강화 교육
	멘토링·네트워킹	애로사항 해결 등을 위한 정기 및 수시 멘토링·네트워킹 지원
인프라 지원		창업 활동을 위한 입주 공간 (별도 평가를 통해 제공)
후속 연계 지원		1차년도 수행 기업 중 우수 재창업자 대상으로 2차년도 후속 자금 지원

사업비 구성안

총 사업비 (A + B)	정부 지원금 (A)	(예비)재창업자 대응 자금		
		현금	현물	소계(B)
100%	75% 이하	5% 이상	20% 이하	25% 이상
(예시) 8,000만 원	6,000만 원	400만 원	1,600만 원	2,000만 원

신청은 K-스타트업 홈페이지(https://www.k-startup.go.kr)를 통해 온라인 접수하면 된다. 제출할 서류는 사업계획서와 대표자 이력서다. 사업계획서는 K-스타트업에 제공하는 표준사업계획서 양식을 이용해 작성한다.

중소벤처기업부 재기지원과(042-481-4474) 또는 창업진흥원 재도전 창업부(042-480-4435~7)로 문의하면 더 자세한 안내를 받을 수 있다.

창업사업화 지원사업 사업계획서 예시

항목	세부 항목
일반 현황	대표자, 아이템명 등 일반 현황 및 제품(개요)
창업 아이템 개요	창업 아이템 소개, 차별성, 개발 경과, 국내외 목표 시장, 창업 아이템 이미지 등을 요약하여 기재
1. 문제 인식	창업 아이템의 개발 동기, 창업 아이템의 목적(필요성)
2. 실현 가능성	창업 아이템의 사업화 전략, 창업 아이템의 시장분석 및 경쟁력 확보 방안

폐업도 전략이다

항목	세부 항목
3. 성장 전략	자금 소요 및 조달 계획, 시장 진입 및 성과 창출 전략, 출구(EXIT) 목표 및 전략
4. 팀 구성	대표자 및 팀원의 보유 역량, 사회적 가치 실현 계획

〈자료: 창업진흥원〉

63. 힐링캠프를 통해 재기 의지를 다진다

재기중소기업개발원이 운영하는 힐링캠프라는 곳이 있다. 사업에 실패한 기업의 대표에게 재도전할 기회를 부여하고, 실패 경험이 성공 자원이 되도록 재창업과 재기를 돕는 프로그램이다.

재기중소기업개발원은 정부, 공공기관이 아닌 사업 실패와 재기 경험이 있는 민간이 2011년 설립된 기관이다. 재창업에 필요한 역량 강화, 컨설팅, 멘토링, 아이템 선정, 네트워크, 정부 정책 정보 등을 지원한다.

실패한 사업자가 마음의 상처를 치유하고 재창업 도전에 필요한 자신감과 용기를 회복하여 재기에 성공할 수 있도록 재기 프로그램을 제공한다. 전액 무료다.

통영의 죽도에 소재한 연수원에서 4주 동안 합숙하면서 자기반성과 자아성찰을 통한 마음 치유, 자신감 회복, 재창업 성공을 위한 사례 학습과 전문가 상담 등의 교육을 받는다.

텐트 야영, 명상, 에코 힐링, 입관 체험, 농활 체험, 재능기부 강의, 힐링 연극 및 영화 시청, 그룹 상담 등 다양한 프로그램을 통해 바람직한 기업가정신을 되찾도록 돕고 있다. 같은 경험을 가진 사업가, 심리치료사, 종교지도자 등이 멘토로 가담해 실패 경험을 극복하기 위한 심리치료와 함께 재창업을 위한 1대1 상담을 진행한다.

힐링캠프 프로그램

1주차	2주차	3주차	4주차
변화의 필요성 인식	자기성찰	통찰 및 각성	비전 수립 및 실행
전문 강의, 자기성찰, 그룹 토의 등	전문 강의, 심리치료사의 강의 및 상담, 자아성찰 명상, 코칭 전문가의 1:1 코칭 등		사업계획 수립 및 발표 등

프로그램은 20%의 강의와 80%의 체험으로 구성되어 있다.

사업 실패로 애로를 겪는 기업인을 대상으로 하며, 수시 상담·접수를 받고 있다. 3월, 5월, 9월, 11월 등 매년 네 차례씩 진행한다. 참가 신청을 하면 서류심사와 면접을 거쳐 캠프에 참가할 수 있다. 힐링캠프 및 역량강화 교육 이수자는 후속 연계로 다음과 같은 수료생 혜택 지원도 주선한다.

힐링캠프 수료생 혜택

기관명	사업명	지원 금액	혜택
중소기업진흥공단	재창업 자금	최대 45억 원	교육 면제
창업진흥원	재도전성공패키지 사업	최대 1억 원	가점 3점

기관명	사업명	지원 금액	혜택
중소기업기술정보진흥원	재도전기술개발 사업	최대 1.5억 원	가점 3점
한국산업기술진흥원	재도전공공기술 연계지원 사업	최대 4억 원	가점 3점
경기신용보증재단	재도전특례보증	최대 1억 원	가점 10점
재기중소기업개발원	재도전엔젤펀드	최대 5,000만 원	투자

※지원 금액은 주로 해당기관 조건 충족 시 저리 대출.

힐링캠프 참가자들은 몰입도 향상을 위해 외부와의 연락 차단(휴대폰을 비롯한 대중매체 사용 금지), 자신과의 대화에 집중하기 위한 묵언을 비롯해 1인용 텐트 생활을 하게 된다. 1일 2식에 술, 담배는 일체 금지한다.

참가 신청은 재기중소기업개발원(051-316-4050) 또는 홈페이지(https://www.jaegi.org)를 통해 할 수 있다. 고의 부도, 횡령, 사기 등 사업 실패 사유가 부도덕한 경우에는 참가를 제한한다.

64. 재창업 지원자금도 길이 될 수 있다

중소기업진흥공단에서는 사업 실패자들이 재기할 수 있도록 신용회복과 재창업에 필요한 운전 자금 및 시설 자금을 지원한다.

신청 기준이 까다롭다. 재창업한 기업으로 정부의 R&D사업 등에 참여하고 있거나 중소벤처기업부의 재도전성공패키지 사업 또는 과기부

ICT재창업 사업 참여 기업, 재도전FUND지원 기업, 특허 및 실용신안을 보유하고 재창업 후 기술사업화 중이거나 예정인 기업, 혁신성장 분야 기업 가운데 한 가지 이상을 충족해야 한다.

신청 후 대상자로 선정되면 융자상환금 조정형자금 또는 신용회복위원회 재창업지원자금을 받을 수 있다. 두 가지 모두 신청 접수 후 심의, 융자 결정, 재창업 교육을 거쳐 대출된다.

제출 서류는 정책자금융자 신청서, 폐업사실증명원, 신분증, 주민등록등본 등이다. 시설 자금을 신청하는 기업은 시설 사용에 관한 확약서를 추가 제출해야 한다.

정책자금융자는 온라인 신청으로 진행된다. 신청 전에 중소벤처기업진흥공단 홈페이지(www.kosmes.or.kr)를 통해 온라인 자가진단을 해야 한다. 사전 상담을 통해 신청 자격이 확인되어야 기회가 부여되기 때문이다.

대상자로 선정되면 중소기업진흥공단이 직접 대출을 해주거나 금융사를 통해 신용, 담보(보증서 담보 포함)로 대리 대출을 해준다.

중소벤처기업부 재기지원과(041-481-8965) 또는 중소기업진흥공단 재도약성장처(055-751-9622)에 문의하면 된다.

폐업도 전략이다

폐업과 관련해 알아 두면 좋을 추가 정보들을 소개한다. 정부지원 제도를 이용할 때의 서류 발급 방법, 프랜차이즈에 가맹할 때 주의할 점, 분쟁 해결법 등이 그런 것들이다.

또, 재기를 위한 소상공인지원센터 활용하기, 신뢰할 만한 상권 정보 보는 법, 온라인 창업 교육 등 사업 운영에 도움이 될 정보들이 있다. 어떤 상황에 어떤 정보를 활용할 수 있는지 알고 있는 게 좋다.

Part 4

알아두면 좋을
그 외 정보

65. 무인민원발급기로 필요 서류를 발급받는다

사업정리와 관련한 컨설팅 또는 정부기관의 지원을 요청할 때 여러 서류가 필요하게 된다. 사업자등록증명, 폐업사실증명, 납세증명 등과 같은 것들이다.

이런 서류들을 관련 기관을 방문하지 않고 받을 수 있는 방법이 있다. 민원24, 정부24 같은 사이트 또는 정부기관에서 설치한 무인민원발급기를 이용하는 것이다.

시·군·구 행정종합정보시스템과 연계 운영되는 민원24 사이트에 접속하면 인터넷 발급이 가능한 서류들을 확인할 수 있다. '민원 신청' 메뉴에서 화면 안내에 따라 서류를 출력할 수 있다. 단, 컴퓨터에 프린터가 연결되어 있어야 한다.

지역 주민센터에서 흔히 볼 수 있는 무인민원발급기는 주민등록번호 입력 및 지문인식장치를 통해 서류들을 발급받을 수 있다.

무인민원발급기에서 발급 가능한 사업 관련 서류

증명서 종류	발급 시간	수수료	본인 확인
사업자등록증명	24시간	무료	필요
휴업사실증명			
폐업사실증명			
납세증명			
소득금액증명	09:00~22:00		
부가가치세 과세표준증명			

무인민원발급기는 처음 접하는 사람도 화면 안내를 통해 손쉽게 이용할 수 있다. 화면에 보이는 서류 종류를 선택한 뒤 주민번호 입력 지문인식 본인 확인 자료 처리 수수료 투입 증명서 발급 순으로 진행하면 장치와 연결된 프린터에서 서류가 출력된다. 수수료는 현금만 입금 가능하다.

무인발급기 설치 장소는 민원24(https://www.minwon.go.kr) 고객지원센터의 무인민원발급기 안내 또는 정부24의 민원발급지원 무인발급안내를 통해 확인할 수 있다.

부동산, 법인 등의 등기 열람이나 발급, 확정일자 등과 관련해서는 대법원 인터넷등기소(https://www.iros.go.kr)를 이용하면 편리하다.

66. 소상공인지원센터를 가깝게 활용하자

중소벤처기업부 산하 소상공인시장진흥공단은 대표적인 창업 지원 전문기관이다. 소상공인 육성과 전통시장 · 상점가 지원 및 상권 활성화를 위해 설립되었다.

소상공인들의 사업 현장 가까운 곳에서 대면 지원할 수 있도록 전국에 지원센터를 두고 있어 접촉하기도 편하다. 전문 상담사들이 센터 내에 상주하면서 소상공인을 위해 다양한 상담을 진행한다.

지역과 상관없이 전국 센터를 이용할 수도 있다. 중소기업 통합콜센터(전화 1357)에 문의하거나 지역별 소상공인지원센터를 방문하면 사업과 관련한 애로나 정보 등 무엇이든 상담할 수 있다.

예를 들면 소상공인의 업종 전환, 재창업 지원, 컨설팅 지원, 상권 분석, 교육프로그램 운영, 협업화 지원, 창업자금 안내, 소규모 점포 시설의 개선 지원 등이 흔히 보는 상담 유형이다.

소상공인시장진흥공단 전국 지원센터

센터		전화/FAX	주소	관할구역
서울 강원 지역 본부	(서울) 중부센터	(02)720-4711 (02)730-9360	서울시 종로구 삼봉로 95 대성스카이렉스 102동 2층	중구, 종로구, 용산구, 마포구, 서대문구, 은평구
	(서울) 동부센터	(02)2215-0981 (02)2215-0984	서울시 광진구 능동로 275 비전빌딩 2층	중랑구, 광진구, 강동구, 송파구, 성동구
	(서울) 서부센터	(02)839-8312 (02)839-8730	서울시 구로구 디지털로 32길 29 키콕스벤처센터 208호	강서구, 양천구, 구로구, 영등포구, 금천구
	(서울) 남부센터	(02)585-8622 (02)585-8626	서울시 서초구 서초중앙로 117 훈민타워 4층	강남구, 서초구, 동작구, 관악구
	(서울) 북부센터	(02)990-9101 (02)990-9104	서울시 강북구 도봉로 186 제이슨빌딩 5층	강북구, 성북구, 노원구, 도봉구, 동대문구
	(강원) 춘천센터	(033)243-1950 (033)244-9164	강원도 춘천시 금강로 81 신한은행 강원본부 2층	춘천시, 홍천군, 인제군, 양구군, 화천군, 철원군
	(강원) 강릉센터	(033)645-1950 (033)645-3695	강원도 강릉시 종합운동장길 88 대한상공회의소 3층	강릉시, 속초시, 양양군, 고성군
	(강원) 원주센터	(033)746-1950 (033)746-1990	강원도 원주시 호저로 47 강원산업경제진흥원 201호	원주시, 횡성군, 평창군, 영월군
	(강원) 삼척센터	(033)575-1950 (033)575-1953	강원도 삼척시 중앙로 296 삼척시청 별관 1층	삼척시, 동해시, 태백시, 정선군

센터	전화/FAX	주소	관할구역
(부산) 북부센터	(051)341-8052 (051)342-8175	부산시 북구 만덕대로 27번길 3 대흥빌딩 8층	북구, 사상구, 강서구
(부산) 남부센터	(051)633-6562 (051)633-0675	부산시 연제구 중앙대로 1090 프라임시티 6층	부산진구, 연제구, 동래구, 금정구
(부산) 동부센터	(051)761-2561 (051)761-2564	부산시 수영구 수영로 591 부산은행 광안동지점 2층	남구, 수영구, 해운대구, 기장군
(부산) 중부센터	(051)469-1644 (051)469-3286	부산시 중구 중앙대로 63 부산우체국 12층	중구, 영도구, 서구, 사하구, 동구
(울산) 울산센터	(052)260-6388 (052)260-2472	울산시 남구 돋질로 97 울산상공회의소 5층	중구, 남구, 북구, 동구, 울주군
(경남) 창원센터	(055)275-3261 (055)275-3264	경남 창원시 성산구 중앙대로 23 경남은행 창원영업부 3층	창원시,창녕군, 함안군
(경남) 진주센터	(055)758-6701 (055)758-7102	경남 진주시 충의로 26 경남은행 영업본부 3층	진주시, 사천시, 산청군, 의령군, 남해군, 하동군, 거창군, 함양군, 합천군
(경남) 김해센터	(055)323-4960 (055)323-4963	경남 김해시 호계로 422번길 24 김해상공회의소 1층	김해시, 양산시, 밀양시
(경남) 통영센터	(055)648-2107 (055)648-2109	경남 통영시 광도면 죽림1로 73 농협은행 한려지점 3층	통영시, 거제시, 고성군
(대구) 남부센터	(053)629-4200 (053)628-4314	대구시 중구 국채보상로 102길 2 우리은행 동산동지점 3층	중구, 남구, 달서구, 달성군
(대구) 북부센터	(053)341-1500 (053)341-3900	대구시 북구 옥산로 17길 14 리치프라자 2층	동구, 서구, 북구, 수성구
(경북) 안동센터	(054)854-3281 (054)854-3284	경북 안동시 경동로 661 남부빌딩 2층	안동시, 영주시, 문경시, 의성군, 봉화군, 예천군, 청송군, 영양군
(경북) 구미센터	(054)475-5682 (054)475-5681	경북 구미시 구미대로 350-27 구미종합비즈니스지원센터 408호	구미시, 김천시, 상주시, 성주군, 칠곡군, 고령군, 군위군
(경북) 포항센터	(054)231-4363 (054)231-4365	경북 포항시 북구 포스코대로 299 신한은행 4층	포항시, 영덕군, 울진군, 울릉군
(경북) 경주센터	(054)776-8343 (054)776-8346	경북 경주시 북문로 125-5 3층 한국외식업중앙회 경주지부 3층	경주시, 경산시, 영천시, 청도군

부산
경남
지역
본부 (rows 1–9)

대구
경북
지역
본부 (rows 10–15)

센터	전화/FAX	주소	관할구역
(광주) 남부센터	(062)366-2122 (062)366-2136	광주시 서구 천변좌로 268 21층	서구, 남구
(광주) 서부센터	(062)954-2084 (062)954-2085	광주시 광산구 하남산단 8번로 177 광주경제고용진흥원 7층	광산구
(광주) 북부센터	(062)525-2724 (062)525-2726	광주시 북구 두암동 561-5 동광주빌딩 2층	동구, 북구
(전남) 목포센터	(061)285-6347 (061)285-6349	전남 무안군 삼향읍 오룡3길 2 전남중소기업종합지원센터 5층	목포시, 장흥군, 강진군, 해남군, 영암군, 무안군, 완도군, 진도군, 신안군
(전남) 여수센터	(061)665-3600 (061)665-3607	전남 여수시 좌수영로 55 여수상공회의소 4층	여수시
(전남) 순천센터	(061)741-4153 (061)741-4159	전남 순천시 해룡면 향매로 109 5층	순천시, 광양시, 구례군, 보성군, 고흥군, 곡성군
(전남) 나주센터	(061)332-5302 (061)332-5309	전남 나주시 빛가람로 685 비전타워 306호	나주시, 화순군, 장성군, 담양군, 함평군, 영광군
(제주) 제주센터	(064)751-2101 (064)751-2103	제주특별자치도 제주시 연삼로 473 제주중소기업종합지원센터 4층	제주도
(전북) 전주센터	(063)231-8110 (063)231-8112	전북 전주시 완산구 홍산로 276전주상공회의소 4층	전주시, 완주군, 진안군, 무주군
(전북) 남원센터	(063)626-0371 (063)626-0372	전북 남원시 향단로 83 KT빌딩 1층	남원시, 장수군, 임실군, 순창군
(전북) 익산센터	(063)853-4411 (063)853-4413	전북 익산시 인북로 187 상공회의소 3층	익산시
(전북) 군산센터	(063)445-6317 (063)445-6316	전북 군산시 중앙로 124 흥국생명빌딩 301호	군산시
(전북) 정읍센터	(063)533-1781 (063)533-1783	전북 정읍시 중앙로 72 기업은행 3층	정읍시, 김제시, 고창군, 부안군

광주
호남
지역
본부

센터	전화/FAX	주소	관할구역
(경기) 수원센터	(031)244-5161 (031)244-5123	경기도 수원시 영통구 반달로 87 경기지방중소벤처기업청 1층	수원시, 용인시
(경기) 평택센터	(031)656-5302 (031)663-5302	경기도 평택시 지산동 756-84 송탄농협 중앙지점 3층	평택시, 안성시
(경기) 화성센터	(031)8015-5301 (031)8015-5304	경기도 화성시 동탄반석로 144 동탄스카이뷰빌딩 503호	화성시, 오산시
(경기) 광명센터	(02)2066-6348 (02)2066-6347	경기도 광명시 오리로 904 영우프라자 505호	광명시, 시흥시
(경기) 성남센터	(031)705-7341 (031)707-7345	경기도 성남시 분당구 황새울로 346 우리은행건물 4층	성남시, 광주시, 하남시
(경기) 의정부센터	(031)876-4384 (031)876-4386	경기도 의정부시 신흥로 251 구성타워 14층	의정부시, 동두천시, 남양주시, 구리시, 포천시, 양주시, 연천군, 가평군
(경기) 부천센터	(032)655-0381 (032)655-0383	경기도 부천시 원미구 장말로 289 부천상공회의소 1층	부천시, 김포시
(경기) 고양센터	(031)925-4266 (031)925-4269	경기도 고양시 일산동구 장백로 204 보림빌딩 604호	고양시, 파주시
(경기) 안양센터	(031)383-1002 (031)383-0550	경기도 안양시 동안구 시민대로 278 신한은행 평촌지점 3층	안양시, 군포시, 의왕시, 과천시
(경기) 안산센터	(031)482-2592 (031)482-2593	경기도 안산시 단원구 중앙대로 815, 1층	안산시
(인천) 남부센터	(032)437-3570 (032)437-3574	인천시 남구 인주대로 416 삼원빌딩 2층	연수구, 남구, 남동구, 중구, 동구, 옹진군
(인천) 북부센터	(032)514-4010 (032)514-4014	인천시 부평구 부흥로 337 신한은행건물 5층	부평구, 계양구, 서구, 강화군

경기
인천
지역
본부

249

센터		전화/FAX	주소	관할구역
대전 충청 지역 본부	(대전) 북부센터	(042)864-1602 (042)864-1606	대전시 유성구 가정북로 96 102호	유성구, 서구, 대덕구
	(대전) 남부센터	(042)223-5301 (042)223-0665	대전시 중구 중앙로 76 영민빌딩 3층 303호	중구, 동구
	(충남) 천안아산센터	(041)567-5302 (041)567-5308	충남 천안시 서북구 광장로 215 충남경제종합지원센터 8층	천안시, 아산시, 예산군
	(충남) 논산센터	(041)733-5064 (041)733-5067	충남 논산시 중앙로 410번길 6 문경빌딩 3층	논산시, 계룡시, 부여군, 서천군, 금산군
	(충남) 서산센터	(041)663-4981 (041)663-4980	충남 서산시 고운로 177 서산시 2청사 1동 3층	서산시, 보령시, 태안시, 당진군, 홍성군
	(충남) 공주센터	(041)852-1183 (041)852-1186	충남 공주시 무령로 204 금성빌딩 3층	공주시, 청양군, 세종시
	(충북) 청주센터	(043)234-1095 (043)234-1091	충북 청주시 흥덕구 2순환로 1219번길 37, 3층	청주시, 진천군
	(충북) 충주센터	(043)854-3616 (043)854-3619	충북 충주시 으뜸로 21 충주시청 11층	충주시
	(충북) 음성센터	(043)873-1811 (043)873-1814	충북 음성군 음성읍 중앙로 173	음성군, 괴산군, 증평군
	(충북) 제천센터	(043)652-1781 (043)652-1784	충북 제천시 의림대로 6길 32 문화회관 2층	제천시, 단양군
	(충북) 옥천센터	(043)731-0924 (043)731-0926	충북 옥천군 옥천읍 동부로 15 읍사무소 3층	옥천군, 보은군, 영동군

배움도 전략이다

67. 프랜차이즈 가맹 시 정보공개서 확인은 필수다

정보공개서는 프랜차이즈 가맹본부가 공정거래위원회에 등록한 자사에 대한 정보를 담은 문서다. 내용은 본사의 사업 현황, 임원 경력, 가맹점 사업자의 부담 조건, 가맹점 사업자에 대한 교육 · 지도, 가맹계약의 해제 · 갱신, 가맹 사업에 관한 정보 등을 담고 있다.

가맹본부의 정보공개서 작성은 공정거래위원회의 '가맹사업거래의 공정화에 관한 법률 제2조 10호'에 근거한다. '가맹사업거래의 공정화에 관한 법률'은 가맹사업의 공정한 거래 질서를 확립하고 가맹본부와 가맹점 사업자가 대등한 지위에서 상호 보완적으로 균형 있게 발전하도록 하기 위한 조항이다.

프랜차이즈 정보공개서의 주요 내용

항목	주요 내용
가맹본부의 일반 현황	가맹본부의 기본 정보, 계열회사 정보, 임원 명단, 사업 경력 등
가맹 사업 현황	최근 3년간 가맹점 현황(출점 · 폐점 수 포함), 가맹본부가 운영하는 다른 브랜드 정보, 전년도 가맹점 사업자 평균 매출액(추정치)
법 위반 사실	최근 3년간 공정거래법 및 가맹사업법 위반, 가맹사업과 관련된 민 · 형사상 법위반 내역
가맹점 사업자의 부담	영업 개시 이전 가맹금, 보증금, 설비 등 기타 비용, 로열티, 가맹본부의 감독 내역, 계약 종료 후 재계약, 영업권 양도 시 부담 비용
영업 조건 및 제한	상품 판매, 거래 상대방, 가격 결정에 따르는 제한, 영업 지역 설정, 변경 등에 관한 내용, 계약 기간, 계약 연장 · 종료 · 해지 등에 관한 내용

항목	주요 내용
영업 개시 절차	영업 개시까지 필요한 절차, 기간, 비용
교육·훈련	교육·훈련의 내용, 이수 시간, 부담 비용, 불참 시 불이익

정보공개서는 업종별, 가맹본부별, 브랜드별 비교 정보 등 가맹사업 정보를 한데 모아 제공한다. 이를 통해 업종별 브랜드, 가맹점 수, 영업 이익률, 점포 입지 정보, 지역별 창업률과 폐업률 등의 정보를 확인할 수 있다.

프랜차이즈 가맹 희망자가 정보를 비교해 업종이나 브랜드를 결정하는데 요긴할 정보다. 매년 중소벤처기업부가 실시하는 프랜차이즈 평가에서 우수등급을 받은 가맹본부도 확인할 수 있다.

'가맹사업거래의 공정화에 관한 법률 제6조의 2 제2항 및 동법 시행령 제5조의 3'에 의해 공정거래위원회에 정보공개서를 등록한 모든 가맹본부는 정보공개서의 각종 사항을 최대한 최신 정보로 변경 등록할 의무가 있다.

정기적인 변경 등록 신청 기한은 사업연도가 끝난 후 120일 이내다. 12월 31일 결산법인 및 개인사업자는 다음 해 4월 30일까지, 재무제표를 작성하는 개인사업자는 다음 해 6월 29일까지 변경 등록해야 한다.

가맹본부는 '가맹사업 거래의 공정화에 관한 법률 제7조'에 의해 가맹 희망자에게 정보공개서를 의무적으로 제공해야 한다. 이를 어기거나 정보공개서를 제공한 날로부터 14일 이전에 가맹금을 받는 행위를 금지하고 있다.

폐업도 전략이다

또, 가맹본부는 가맹 희망자의 창업 예정지에 인접한 10개의 가맹점 상호와 소재지, 전화번호가 기입된 인근 가맹점 현황 문서를 제공해야 한다(인근 가맹점이 10개 미만일 때는 해당 광역지방자치단체 내에 속한 가맹점 정보를 제공).

아울러 가맹본부는 가맹 희망자에게 예시한 예상 매출액의 범위와 산출 근거를 제공할 때는 서면(예상 매출액 산정서)으로 전달해야 한다.

이렇듯 법률적 근거가 있음에도 상당수의 가맹본부는 정보공개서를 갖추지 않았거나 제도가 있다는 사실조차 모르는 경우가 있다. 이런 가맹본부와 계약하는 것은 위험한 선택이 될 수 있으니 조심해야 한다.

유의해야 할 것은 정보공개서 변경 등을 이유로 예고 없이 기존의 내용이 바뀔 수 있다는 점이다. 그런 만큼 프랜차이즈에 가맹할 때는 주위에서 모은 정보와 공정거래위원회의 가맹사업거래에 나온 정보를 함께 살펴서 판단하는 것이 좋다.

'2019 프랜차이즈 산업통계서'에 따르면 우리나라에서 활동 중인 가맹본부는 4,816개, 브랜드는 5,960개로 집계됐다. 그런데 전체 중 3,452개(57.9%)는 직영점이, 1,673개(28.1%)의 브랜드는 가맹점이 없고, 736개(12.4%)는 본사의 매출이 없는 것으로 나타났다.

이는 활동이 모호한 가맹본부가 많다는 것을 의미한다. 공정거래위원회 가맹사업거래 홈페이지(https://franchise.ftc.go.kr)에서 정보공개서 열람이 가능하니 꼼꼼히 살펴볼 필요가 있다.

68. 프랜차이즈 분쟁 해결은 기관을 통하는 게 좋다

퇴직자나 자영업자들이 프랜차이즈로 몰리면서 가맹사업과 관련한 분쟁 건수가 급증하고 있다. 계약상 유리한 위치에 있는 가맹본사의 일방적인 계약 해지, 본사와 가맹점 간 상생협약 미이행, 필수 물품 강제 판매를 통한 폭리 등은 3대 불공정 행위로 꼽힌다.

가맹점을 운영하면서 가맹본사와 분쟁이 생겼다면 공정거래조정원에 조정 신청을 할 수 있다. 공정거래조정원은 '독점규제 및 공정거래에 관한 법률 제48조의 2'에 근거하여 설립된, 공정거래위원회 산하기관이다.

공정거래 분야 및 가맹사업 분야의 불공정 행위로 인한 중소사업자들의 피해를 당사자 간 대화와 타협(자율 조정)으로 해결해 주는 것을 목적으로 하고 있다.

가맹법상 주요 분쟁 조정 유형(2019년)

신청 유형		처리 건수	
		건수	비중(%)
가맹금 예치 의무		18	2.7
정보공개서 사전제공 의무		120	18.3
허위, 과장 정보제공금지 의무		126	19.2
불공정 거래행위	거래 거절	12	1.8
	구속조건부 거래	4	0.6
	거래상 지위 남용	73	11.1
	부당한 손해배상 의무 부담	65	9.9

신청 유형	처리 건수	
	건수	비중(%)
영업지역 침해	24	3.7
부당한 계약 종료	21	3.2
부당한 계약 해지	40	6.1
기타	153	23.3
계	656	100

〈출처: 공정거래위원회, 2020년〉

'가맹사업 거래의 공정화에 관한 법률 제32조의 3'에 의해 가맹본부에서 부당한 요구를 할 경우 공정거래위원회에 신고할 수 있다. 이를 통해 가맹본부의 부당한 행위를 개선할 수 있으니 객관적인 사실을 토대로 먼저 증거를 수집하는 게 순서다.

입증자료는 계약서, 세금계산서, 거래명세서, 가맹본부와 주고받은 문서 등 사실관계를 입증할 수 있는 서류다. 가맹본부에서 보내온 문서 또는 내용은 육하원칙(누가, 언제, 어디서, 무엇을, 어떻게, 왜)에 따른 문서로 기록해 두면 추후 발생할 수 있는 분쟁 해결에 도움이 된다.

독점규제 및 공정거래에 관한 법률(공정), 가맹사업 거래의 공정화에 관한 법률(가맹), 하도급 거래의 공정화에 관한 법률(하도급), 대규모 유통업에서의 거래 공정화에 관한 법률(대규모 유통), 약관의 규제에 관한 법률(약관), 대리점 거래 공정화에 관한 법률 등 6개의 관계법에 따라 조정 절차를 진행한다.

법정 처리 기한은 분쟁 조정 접수일로부터 60일이다. 당사자들의 동의가 있으면 기간을 연장하여 총 90일까지 절차가 진행될 수 있다.

조정 진행 경과는 담당 조사관에게 문의하거나 공정거래조정원 홈페이지(https://www.fairnet.kofair.or.kr)의 '분쟁조정 시스템 → 분쟁조정 사건 조회'를 통해 확인할 수 있다.

가맹본부의 불공정거래행위 신고는 공정거래조정원 홈페이지에서 신청하거나 신청서 및 서류를 구비한 후 방문 접수 또는 등기우편(서울 중구 세종대로 39 상공회의소회관 9층)을 통해 제출하면 된다. 분쟁조정콜센터(1588-1490)로 문의하면 자세한 상담을 받을 수 있다.

공정거래위원회가 불공정거래 행위의 조사 · 시정에 주안을 둔다면 공정거래조정원은 분쟁을 원만하게 조정하여 피해자의 손해를 실질적으로 구제하는 데 그 목적이 있다.

공정거래조정원에서 피해 구제가 어렵다면 아래 기관을 통해 처리하도록 한다.

분쟁 조정 상담기관

기관명	주요 업무 내용	전화번호
공정거래위원회	약관규제법, 하도급법, 전자상거래 소비자보호법, 표시 · 광고법, 방문판매법, 할부거래법 등	02-2023-4010
한국소비자원	소비자 피해 구제 및 분쟁 조정 등	02-3460-3000
금융감독원	금융거래 관련 피해 구제 및 분쟁 조정	1332
방송통신위원회	방송 · 통신서비스 이용 관련 피해 및 분쟁 조정	1335
대한상사중재원	상거래 행위 관련 분쟁 조정, 알선 및 각종 중재	02-551-2000
대한법률구조공단	무료 법률상담 및 소송 지원	132
전자거래분쟁 조정위원회	전자상거래 관련 분쟁 조정	02-2141-5714

69. 취약계층 사업자에 힘이 되는 미소금융

제도권 금융기관 이용이 어려운 사람들이 창업 자금과 운영 자금, 시설개선 자금 등을 무담보 · 무보증으로 대출할 수 있는 방법이 있다. 국내 5대 시중은행과 한국자산관리공사 등이 공동출자해 설립한 서민금융진흥원에서 운영하는 미소금융이 그 창구다. 상환은 원리금 균등분할상환이고 대출 금리는 연 4.5%다.

지원 대상은 신용등급 6등급 이하, 기초생활수급자 및 차상위계층 이하, 근로장려금 신청 자격자, 이 세 가지 요건 중 하나를 충족하면 된다. 각 지역의 미소금융 지점에 문의해 대출 자격 여부를 확인할 수 있다.

대출 자격이 확인되면 사업장 임차보증금, 창업 초기운영 자금, 시설 자금, 생계형 차량(1톤 이하) 구입비 등의 용도로 대출 받을 수 있다. 사업장 임차보증금은 7,000만 원까지 대출이 가능하다. 단, 무등록 사업자는 대출 한도가 500만 원(연리 2%)까지다.

운영 자금은 사업자등록 후 6개월 이상 운영 중인 자영업자에게 제품 · 반제품 · 원재료 등의 구입 자금을 대출해 주는 것이다. 대출 한도는 2,000만 원이다. 단, 프리랜서는 1,000만 원, 무등록 사업자는 500만 원(연리 2%)까지다. 대출 기간은 최장 5년 6개월(거치 기간 6개월, 상환 기간 5년)이다.

또, 사업자가 생계형 차량인 다마스, 라보 등을 구입하면 2,000만 원까지 대출된다(무등록 사업자는 1,000만 원까지). 대출 기간은 최대 6년(거치 기간 1년, 상환 기간 5년)이다.

미소금융 대출을 받으려면 관련되는 컨설팅과 교육을 받아야 한다. 창업 교육(18시간 이상)과 경영 교육(4시간 이상)이 그런 프로그램으로, 교육을 마쳐야 대출 신청이 가능하다.

유사한 성격의 서민금융 대출을 받은 경우에는 대출 한도에서 차감하고 지원한다. 대출 상담 등 문의는 전국 미소금융 지점 또는 서민금융통합지원센터(1397)에서 할 수 있다.

70. 상권 정보는 신뢰할 만한 시스템을 이용한다

상권 정보를 무료 및 유료로 제공하는 곳들이 있다. 재창업 시 이를 통해 관심 지역에 대한 상권 요소를 미리 알아볼 수 있다.

소상공인시장진흥공단은 '상권 정보(https://sg.sbiz.or.kr)'라는 별도 홈페이지를 운영한다. 창업 예정인 사업장 주소와 업종, 비용, 매장 면적을 입력하면 상권 분석, 경쟁 분석, 입지 분석, 수익 분석으로 나누어진 맞춤형 분석 정보를 제공한다. 신용카드사 데이터를 기반으로 사업 성장성과 안정성, 활성도, 구매력, 유동지수 등을 분석한 결과물이어서 참고할 만하다.

예를 들면 '경쟁 분석'은 주변 경쟁 업소의 지난 2년간의 거래 건수 증감률 추이를 기반으로 경쟁 수준을 안전 − 주의 − 위험 − 고위험 등 4단계 경고등의 형태로 정보를 안내한다.

'입지 분석'은 특정 입지에 대한 45개 표본 업종별 예상 매출액 평균을 종합해 평가한 입지 등급 정보를 보여준다.

'수익 분석'은 특정 위치와 업종의 추정 매출액, 투자비 회수를 위한 목표 매출 및 고객 수, 유사한 입지와 업종의 매출 현황에 대해 종합적으로 파악이 가능하다.

이러한 분석은 대부분의 거래가 신용카드를 통해 이루어지는 환경에 카드사 가맹점의 매출 현황을 기반으로 추정된 정보이기 때문에 신뢰도가 높다. 물론 점포 면적, 입지 조건, 서비스 품질 등의 세부적인 조건에 따라 실제와 다를 수도 있지만 참고자료가 될 만한 가치는 있다.

소상공인시장진흥공단 상권 정보

상권 분석	특정 지역·영역·업종의 동향, 매출, 인구, 지역 등 53종의 상권 정보 제공 업종(추이, 창·폐업률 등), 매출(추이, 특성 등), 인구(유동, 거주 등), 지역(주요 집객 시설, 학교, 교통 등) 정보
경쟁 분석	업소별 경쟁 영역 내 거래 건수를 기반으로 경쟁 수준을 평가할 수 있는 지표 안전, 주의, 위험, 고위험 4단계 경고 형태로 제공
입지 분석	특정 입지에 대한 45개 표본 업종별 입지 가치(예상 매출액)의 평균을 종합하여 평가한 입지 등급 정보
수익 분석	특정 위치·업종의 추정 매출액, 투자비 회수를 위한 목표 매출 및 고객 수, 유사한 입지·업종의 매출 현황의 비교 분석 정보 제공
점포 이력	특정 위치의 개·폐업 이력 정보. 특정 업종의 창업 여부 및 영업기간 등의 정보 제공

'서울시 우리마을가게 상권분석서비스(https://golmok.seoul.go.kr)'는 서울시가 보유한 정보와 외부기관과 협력해 확보한 정보를 기반으로 하는 상권 관련 빅데이터다. 이를 토대로 자영업자가 많이 창업하는 43개의 생활밀착형 업종을 선별하여 업종별 정보를 상권 단위로 제공한다.

홈페이지 주소에 '골목(golmok)'이라는 단어가 들어 있듯 대로변 사이의 골목을 따라 형성된 상권을 망라한 정보다. 생활밀착형 업종, 발달 상권에 포함되지 않는 점포, 주거 밀집 지역을 배후지로 둔 점포 등 특성별로 볼 수 있다.

메뉴 중 '상권 신호등'은 창업위험지표를 통해 행정구역별 신규 창업 위험도 및 폐업률, 3년간 개업 대비 폐업률, 증감률 등을 보여준다. 관심 업종, 관심 지역을 통해 단계별 상권 검색을 할 수 있다. '내 점포 분석' 코너에서는 점포가 속한 상권 내의 고객 유형과 소비 특성을 찾아볼 수 있다.

서울시에서는 골목상권 단위로 모니터링한 빅데이터를 통해 상권의 위험을 감지해 정책 수립에 활용하고 있다. 이를 바탕으로 서울시 소상공인 경영지원센터의 200여 명의 전문 컨설턴트가 자영업 지원 및 창업 컨설팅 지원에 활용하고 있다.

다음은 NICE 지니데이타㈜에서 유료로 제공하는 나이스비즈맵 (https://www.nicebizmap.co.kr)이다. 시장과 고객에 대한 분석 데이터베이스를 구축하여 개인·기업·공공 부문과 관련해 경영 및 마케팅 인사이트 정보를 제공한다.

제공하는 정보는 예상 매출, 경쟁 현황, 이용 고객 특성, 지역 정보, 각종 지수 등의 통계 데이터다. 이용 목적에 따라 보고서, 데이터, 솔루션 등의 형태로 활용할 수 있다. 데이터는 상세화된 지역(전국 11만~36만 블록)과 업종(소매유통, 음식, 서비스, 의료, 교육 등 190여 개 소분류 업종)을 기반으로 제공된다.

현재 주된 이용 고객은 창업·자영업자(상권 분석, 업종 전환), 프랜차이즈 본사(가맹점 출점 기획, 유통망 관리), 창업 컨설턴트(자영업자 컨설팅), 기업(잠재고객 발굴, 마케팅 전략 수립), 공공기관(정책효과 분석, 대민 서비스), 학술/연구단체(학술·연구 용역) 등이다.

나이스비즈맵 상권 분석 보고서

상품 종류	주요 내용	이용 요금
기본 분석 보고서	행정동 단위 기본 상권 보고서	무료(1일 1회), 추가 이용 1,000원
종합 분석 보고서	블록 단위(영역 지정) 상세 상권 보고서	5만 5,000원(1회)
업종 추천 서비스	지정 상권 내 이용 고객 수 증가 업종 추천	추천 업종 무료, 보고서 2만 2,000원(1회)
입지 추천 서비스	업종별 매출 상위 지역 추천	추천 입지 무료, 보고서 2만 2,000원(1회)

유료 서비스 플랫폼으로 SKT와 분야별 전문 파트너사가 보유한 데이터베이스를 토대로 상권 분석을 제공하는 지오비전 상권 분석 서비스(https://bizanalysis.geovision.co.kr:8080/main.do)도 참고할 만하다.

희망 상권 내의 구성 인구, 유동인구, 희망 업종 관련 매장 수, 희망 업종의 라이프스타일 등을 알아볼 수 있다. SK텔레콤, 현대카드, SK Planet, 부동산114 등 각 분야 대표 기업들의 축적된 노하우를 하나로 모았다. 이들 기업이 보증하는 과학적 분석 결과를 기반으로 제공한다. 수집된 데이터에 알고리즘을 적용하여 항목 및 차트 구성, 전문가 자문까지 보고서를 통해 보여 주는 것이 특징이다.

지오비전 상권 분석 서비스

구분	보고서 내용 및 특징	금액
일반 상권 분석 보고서	창업에 관심 있는 초보 사업자를 위해 상권에 대한 동향 정보가 담긴 요약 보고서 [보고서 특징] 1)상권 관련 필수 데이터만을 분석한 간략 정보 제공 2)분석한 상권에 대한 동향을 인지할 수 있는 10여 가지 항목으로 구성	B2B 무료
심층 상권 분석 보고서	전문 창업 컨설팅 수준의 분석력과 심도 깊은 세분화 분석 정보가 담긴 심화 보고서 [보고서 특징] 1)상권과 관련한 다양한 통계 데이터를 다각도로 분석한 심화 정보 제공 2)매출 추이, 시장 규모, 예상 수익, 업종 동향, 경쟁력, 잠재고객, 지역 시세 등 40여 가지 세분화 분석으로 창업 전문가와의 컨설팅 효과 제공 3)창업 후 매장 운영 시 마케팅 기반 자료로 활용 가능(전문 창업 컨설턴트 자문 수록), 심층 상권 분석 보고서 이외에 수익성, 매장 경쟁력, 잠재 수요 고객 등 특성별 심화 분석 보고서 구매 가능 (자세한 사항은 보고서 구매 시 안내 페이지 참조)	15만 원
상권 비교 분석 보고서	창업을 희망하는 상권이 하나가 아닌 다수인 경우 여러 개의 상권을 동일 기준으로 비교 분석한 요약 보고서 [보고서 특징] 1)일반 상권 분석에서 제공되는 10여 가지 항목을 동일 기준으로 상권 간의 강·약점을 비교 2)최대 3개 상권에 대해 객관적인 기준으로 분석하므로 적합 상권을 선택하는 기반자료로 활용	무료

현대는 빅데이터와 통계의 시대다. 이를 통해 다각적인 상권 현황을 파악할 수 있으나 그렇다고 100% 정답인 건 아니다. 누가 하느냐에 따라, 같은 업종 같은 메뉴여도 고객 서비스, 품질(음식이라면 맛), 가격 경쟁력에 따라 결과는 천양지차일 수 있다. 창업 또는 재창업에 나설 때 현장을 방문하여 눈으로 두루 확인하고 준비도 철저해야 할 것이다.

71. 온라인 재창업 교육을 받자

온라인을 통해 시간에 구애받지 않고 다양한 창업 및 기술 교육을 받을 수 있다. 재창업을 준비한다면 교육을 통해 잘못되었던 부분을 되돌아보는 시간을 갖는 것도 중요하다.

창업에듀(https://www.k-startup.go.kr/edu/edu)는 중소벤처기업부와 창업진흥원이 서비스하는 온라인 창업 교육 사이트다. 예비창업자, 창업자, 폐업자 등을 대상으로 하는 단계별 창업 교육을 한다.

짧은 시간(15분 내외)에 핵심만 학습할 수 있는 '마이크로 러닝(micro Learning)'과 유튜브에 전체 강좌를 업로드한 서비스를 제공하고 있다.

예비창업 학습, 창업 3년 이하 사업자를 위한 창업 초기 학습, 창업 4년 이상 사업자를 위한 창업 성장 학습, 재창업자의 성공적인 재도전을 위한 재창업 학습, 혁신 기술이나 신기술 창업을 위한 창업 교양 학습이 있다. 또한 창업자 역량, 시장 기회, 아이템, 비즈니스 모델, 전략별 콘텐츠를 학습할 수 있다.

소상공인지식배움터(https://edu.sbiz.or.kr)는 소상공인시장진흥공단에서 운영하는 교육 사이트다. 창업을 준비 중인 직장인 및 소상공인들의 자생력 강화를 위한 교육을 한다.

업종 전환 예정자 및 폐업자를 대상으로 하는 재창업 전 과정, 유망업종 전환 및 재창업을 위한 전문 교육 및 멘토링을 제공한다.

소상공인 정책자금 지원과도 연계되어 있다. e-러닝(네트워크를 매개체로 이루어지는 학습) 교육 중 희망하는 교육을 신청해 12시간 이상 수

강하면 소상공인 정책자금을 신청할 수 있다.

서울시에서도 분야별 교육 사이트를 운영하고 있다. SBA 온라인스쿨(https://edu.school.seoul.kr)은 취업 · 직무 전문 교육을 무료로 제공하는 e-러닝 서비스다. 청년 인재들의 직무능력 향상을 위한 콘텐츠 210여 개 과정을 무료로 제공한다. 비즈니스 인사이트, 직무 공통, 영업 · 마케팅 · 물류, 창업, 취업, 저작권, 재무 · 회계 · 인사 등과 같은 과정이 있다.

SBA 아카데미(https://academy.sba.kr)도 눈여겨볼 만하다. 서울산업진흥원이 운영하는 것으로 창업에 대한 지식 쌓기를 원하는 예비창업자 및 창업 교육 희망자를 대상으로 강의한다. 마케팅 전략, 키워드 및 SNS 마케팅, 스마트앱 그리고 특허, 경영 컨설팅 이해 등 41개 교육 콘텐츠가 있다.

72. 법 문제가 생겼을 때 도움이 되는 법률구조공단

경제적으로 어렵거나 법을 잘 몰라서 법의 보호를 받지 못하는 소상공인들이 있다. 그렇다면 법무부 산하 무료 법률기관인 대한법률구조공단을 적극 활용하자.

명백하고 단순한 사안은 소장이나 가압류 신청서 등의 소송 서류를 무료로 작성해 준다. 뿐만 아니라 소송 진행에 대해 변호사 없이도 소송할 수 있도록 도와준다. 단, 승소 금액이 2억 원을 초과하는 고액 사건은 서비스 대상이 아니다.

법률구조공단을 통하면 누구나 무료로 법률 상담을 받을 수 있으며, 사업자등록증 말소 6개월 이내라면 개인회생 및 파산에 대해서도 도움을 받을 수 있다.

법률구조 신청서가 접수되면 공단에서는 곧바로 사실 조사에 착수하게 된다. 사실 조사가 일정 단계에 이르면 당사자에게 분쟁에 대한 법률적인 문제점과 그 해결 방법을 제시하여 원만히 화해에 이를 수 있도록 권유하거나 구조의 타당성, 승소 가능성, 집행 가능성을 심사해 소송할 것인지 여부를 결정한다. 소송하기로 결정된 사건은 소속 변호사나 공익 법무관이 법적 절차를 수행하게 된다.

구조 결정된 사안의 진행 과정은 법률구조공단 홈페이지에서 '나의 사건 검색'을 통해 확인할 수 있다.

공단을 통한 법률구조라 하더라도 변호사나 공익법무관을 대리인으로 선임해 소송하는 경우에는 인지대·송달료 등 소송 실비와 변호사 비용은 부담해야 한다. 그렇더라도 대법원 규칙에서 정한 변호사 비용의 30% 정도면 된다. 개인적으로 변호사를 선임할 때에 비해 훨씬 저렴하다.

소상공인의 상행위와 관련된 민사사건에 대한 제반 소송도 지원받을 수 있다. 소상공인은 소상공인확인서(중소기업 현황정보시스템에서 발급) 또는 사업자등록증 및 상시근로자 등의 서류가 필요하다. 법률구조를 해야 할 사안인지 판단하기 위해 공단은 법률구조 신청서와 함께 법률구조 대상자 소명자료, 주장 사실 입증자료를 추가로 요구하기도 한다.

신청은 소명할 자료, 주장 사실을 입증할 자료를 구비하여 가까운 법률구조공단을 방문하면 된다. 상담 내용과 제출한 서류를 기초로 법률구조의 타당성, 승소 가능성과 소송의 실익 등을 검토한 후 법률구조 여부를 결정하게 된다.

문의는 법률구조공단 홈페이지(https://www.klac.or.kr)를 통하거나 같은 공단의 구조관리팀(132)으로 전화하면 된다. 전국의 법원, 검찰청 소재지마다 지부와 출장소·지소가 있다.

페업도 전략이다

폐업도 전략이다

초판 1쇄 발행 2020년 9월 25일

지은이 ㅣ 강종헌
발행인 겸 편집인 ㅣ 김낙봉
디자인 ㅣ 은아Book
교   정 ㅣ 김래주
펴낸곳 ㅣ 북네스트

출판등록 ㅣ 제2016-000066호
주   소 ㅣ 경기도 고양시 일산서구 강성로 232번길 16-2
전   화 ㅣ 070-8200-6727
팩   스 ㅣ 031-622-9863
독자문의 ㅣ laejoo@naver.com
Blog ㅣ https://blog.naver.com/book-nest

ⓒ강종헌 2020
ISBN 978-89-93409-34-5 13320

사람을 행복하게 하는 출판사 북네스트

이 도서의 국립중앙도서관 CIP는 서지정보유통지원시스템 홈페이지(http://seoji.nl.go.kr)와 국가자료공동목록
시스템(http://www.nl.go.kr/kolisnet)에서 이용하실 수 있습니다.(CIP제어번호: CIP2020023970)